# 1RO. DE JULIO DE 2016

## LA JUNTA DE CONTROL FISCAL Y LA COLONIA PERMANENTE

WILDA RODRÍGUEZ

EDICIONES NUESTRAS

POLITICA / ESTADOS UNIDOS

PUERTO RICO / COLONIALISMO

1RO. DE JULIO DE 2016
La Junta de Control Fiscal y la Colonia Permanente

WILDA RODRÍGUEZ

©Wilda Rodríguez, 2016
Publicado y distribuido por Ediciones Nuestras, Ponce, Puerto Rico.

Concepto de portada — Ediciones Nuestras

Mapa de portada — Puerto Rico 1898 / Lago, J. M. / New York : Colton, Ohman & Co., 1898.
Library of Congress Geography and Map Division Washington, D.C. 20540-4650 USA

Dirección Editorial — Graciela Rodríguez Martinó

Editor Ejecutivo: M. Pérez—Cotto / PubliaTuLibro.net

Foto de la autora — Ramón Ostolaza

EDICIONES NUESTRAS
ediciones.nuestras@gmail.com

## INDICE

*Dedico este libro al espíritu de mi amigo "Toñito" Fernós (Antonio Fernós López—Cepero) que siempre vuelve a sonreírme cuando lo menciono. ¿O será mi propia sonrisa?*

*Lo dedicaría también a mi cómplice de vida Graciela Rodríguez Martinó por vencer a un mosquito que se empeñó en interrumpir la escritura. Pero como odia la política, mejor le dedico mi agradecimiento. ¡Eres más grande que un Aedes Aegypti, Chelita!*

V

# 1RO. DE JULIO
# DE 2016

## La Junta de Control Fiscal y la Colonia Permanente

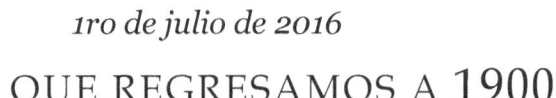

*1ro de julio de 2016*

# EL DÍA QUE REGRESAMOS A 1900

Hoy amanecimos a un nuevo capítulo de la historia colonial de Puerto Rico. Es viernes social. En las barras de la ciudad y los chinchorros más remotos se enfrían las cervezas desde temprano. Todo sigue igual. A partir de las cinco se cierra para la mayoría la jornada de la semana con la celebración de rigor.

El decreto es incoloro, insípido, inodoro. No tiene peso. Nadie lo ve. Nadie lo siente. Pero está ahí.

La metrópolis ha tomado el control del gobierno de Puerto Rico tras decidir que los puertorriqueños no saben gobernarse a sí mismos. Estados Unidos devuelve su colonia a la norma aprobada en el 1900 con la Ley Foraker para organizar el gobierno civil de Puerto Rico bajo la tutela directa del imperio.

La humillación es grande e indignante. También la apatía o el regocijo con que la recibe la mayoría de la población. Apatía o regocijo como producto de la ignorancia y cinco siglos de coloniaje. Producto también de la manipulación y el engaño de los partidos políticos coloniales cuya existencia depende de la continuidad de la colonia aunque sea degradada y avergonzada como colonia — si eso es posible a una condición de deshonra en su propia naturaleza.

Lo que escapa a la lógica es que ni humillados, ni indignados, ni apáticos, ni regocijados parecemos entender hacia donde nos lleva esta nueva circunstancia política. Esbozamos teorías y deseos, pero ninguno realmente sabe cuál es el plan maestro del americano. Si existe alguno.

Porque habría que considerar la posibilidad de que no exista. De haber advenido a esta coyuntura accidentalmente cuando la metrópolis enfrenta a su peor crisis política propia en más de un siglo. Y que no haya plan.

No tenemos un solo interlocutor con la metrópolis. Estados Unidos no habla con ninguno de nosotros. No hay sector en Puerto Rico que pueda decir que se sienta a hablar con el americano. Nadie puede reclamar ese respeto.

Esa es la naturaleza del animal, me dirán. Los imperios no respetan, no hablan con sus colonias. Falso. Lo hacen cuando les conviene. O cuando se les obliga. Obviamente ese no es nuestro caso. No se siente obligado y mucho menos le conviene. Está demasiado inmerso en su propio problema político para atender el de Puerto Rico como si valiera la pena.

A quien único importa Puerto Rico en este momento es a los acreedores de su deuda pública. Han obligado a los dos partidos capitalistas metropolitanos a cuadrar la chequera aunque se descompense la estructura política.

No se trata solamente del dinero — que han cobrado con creces y puede ser hasta menudo para la rapacidad del capitalismo salvaje. Está en juego la supremacía del poder de la clase económica sobre la clase política en el sistema capitalista del que Estados Unidos es el niño símbolo. Tiene que quedar claro quién manda. Algo menos que someter a Puerto Rico a la obediencia no es aceptable. El mundo entero está pendiente a la suerte y las maromas del renacuajo colonial.

El asunto político le es accesorio a Wall Street. No tiene por qué estar claro.

Por eso estamos a oscuras. Por eso somos espectadores y no protagonistas. Por eso solo podemos esbozar teorías. Por eso reaccionamos, no actuamos. Por eso nos atacamos ferozmente entre nosotros mismos tratando de imponer nuestras hipótesis. Ninguno sabemos a ciencia cierta qué carajos está pasando.

Sabemos sí lo que implica a plazo inminente la Junta de Control Fiscal que viene a asumir la autoridad directa sobre la colonia. Para hacerse cargo de la política fiscal y pagarle a los bonistas por la deuda pública de Puerto Rico, la JCF tiene que asumir el control absoluto del gobierno de la colonia y determinar de dónde saca el dinero achicando el aparato gubernamental, privatizando servicios, y vendiendo activos y propiedades.

Son dos las hipótesis:

1. La de los que piensan que debe haber un plan maestro de la metrópolis del cual la Junta de Control Fiscal es el vehículo. ¿Cuál es el destino?

Tres teorías se barajean en torno a eso:

a. Nos están empujando hacia la independencia
b. Nos van a incorporar como territorio como preámbulo a la estadidad
c. Nos van a plantear la república asociada

2. La de los que aseguran que de la JCF en adelante no entra en vigor ningún otro plan para Puerto Rico. Nos dejan en la quilla, le devuelven el gobierno de la nada a los nativos y se van. Sospechan que no existe plan alguno que provoque este repentino desdén visceral por la colonia. Lo que no quiere decir que no lo hayan intentado — tener un plan.

No se puede descartar que la metrópolis esté tan dividida y porfiada internamente como en su crisis política de fines del siglo diecinueve cuando la clase económica capitalista la obligó a salir en busca de colonias que explotar.

Sin duda, está ahora en medio de una nueva vorágine: la decadencia de la cultura política americana que está provocando una polarización política sin precedentes. El Partido Republicano ha liberado el movimiento fascista que se viene incubando desde los sesenta. El Partido Demócrata a duras penas contiene el movimiento hacia la izquierda que puso en evidencia Bernie Sanders en las primarias de este año.

Con sus dos partidos capitalistas en peligro, la clase económica anda buscando nuevas maneras de imponerse. Eso son los elementos del nuevo y gran apuro político en Estados Unidos. En su lista de prioridades, Puerto Rico está bien rezagado.

En esas circunstancias, habría que plantearse si la postergación de lo político para resolver únicamente lo fiscal es inercia. O si es una confirmación de la doctrina de la colonia permanente. Yo creo lo segundo.

Propongo que la intención de la metrópolis es tratar de mantener a Puerto Rico como colonia por consentimiento. Su plan a esos fines es identificar una nueva clase política que

sustituya la que se le fue de las manos. Cambiar la elite política que habiendo aprendido los trucos los utiliza para su beneficio por encima de los intereses de la metrópolis y le ha ocasionado un problema mayúsculo. Para ello tiene que destruir las estructuras que dominan y sostienen la clase política vigente.

Si no le destruye sus estructuras de poder, la misma elite volverá a maquinar a su favor sin reparar en el quebranto de las reglas de juego. Eso es lo que hay detrás de la burla y la humillación a los dos sectores políticos establecidos al amparo del imperio. La intención es que aflore la creatividad para unas nuevas estructuras coloniales que retomen el plan original.

La invitación al baile ha sido aceptada. Ambos partidos coloniales coquetean con nuevas versiones de relación dentro del marco territorial aunque digan lo contrario.

Ambos se disponen a colaborar con la JCF. Ambos venden la idea de que le van a someter su propio plan a la JCF.

Desde la paridad en fondos para la salud hasta una nueva ley de incentivos tributarios federales para las empresas norteamericanas que se establezcan en Puerto Rico, las nuevas propuestas lo que buscan es el mismo vínculo indisoluble de la dependencia.

En un principio, yo también creí que Estados Unidos pretendía un cambio en su relación con Puerto Rico y quise creer que ese cambio favorecía la independencia. Que nos empujaban adrede hacia la independencia. Luego me detuve a observar el curso de los acontecimientos y la suspicacia

pudo más que el anhelo. Veo como incluso elementos de la elite colonial colaboran con el plan americano — adrede, confiando en su astucia para hacerse los muertos y resucitar, o sin siquiera darse cuenta de que preparan su cadalso. Cuentan con que su fidelidad sea recompensada.

La intención del imperio es devolver a la colonia a un estado de indefensión en el que una nueva generosidad, por pequeña que sea, reanime la adherencia de los colonizados. Así de malvado.

Sigo pensando, que quede claro, que la independencia es la única alternativa realmente disponible para nuestro desarrollo. Lo que ahora no pienso es que el imperio no las regale.

Advierto que este escrito no tiene pretensiones de tesis, mucho menos de erudición. En todo caso es una tesis sata.

*Wilda Rodríguez*

# NOTA AL LECTOR

Este libro nos detiene en el momento histórico de la colonia de Puerto Rico al 1ro de julio de 2016. Ese día Puerto Rico amaneció con la suspensión de facto del gobierno local electo por los puertorriqueños a ciento dieciocho años de la invasión de Estados Unidos y sesenta y cuatro años de una versión debatible de gobierno propio.

A partir de los hechos que relata, la autora propone que no entremos por intuición a este nuevo torbellino político. Que reconozcamos el ostracismo que nos impone la metrópolis y optemos por combatirlo.

Es una invitación sencilla para los que ya han decidido que quieren empezar a hablarse los unos a los otros.

"Con los otros no tengo tiempo que perder", dice la autora.

Algunos de los escritos parten de columnas publicadas por Wilda Rodríguez en el periódico de mayor circulación del país —*El Nuevo Día*— o en la revista digital *80 grados*.

*24 horas antes*

# EL PLUMAZO

Cerca de las cinco de la tarde del jueves 30 de junio de 2016, el presidente Barack Obama convirtió en ley el proyecto que estableció la junta federal para controlar el fisco de la colonia.

Exactamente a las 4:53 la Casa Blanca escribió en la página adscrita al Presidente lo que se supone son sus palabras:

> "Proud to sign laws to improve transparency and avert a crisis in Puerto Rico. I'd hoped to use my pen more often before Congress left town."

Ante un puñado de periodistas que observó el momento del plumazo, el primer presidente negro de Estados Unidos dijo:

"Como consecuencia de la incapacidad para reestructurar su deuda, (en Puerto Rico) hay hospitales, ambulancias y servicios básicos sin poder operar. Trabajadores del gobierno a los que no se les ha podido pagar."

Con esas palabras dejaba consignada la razón para la intervención directa de la metrópolis en el gobierno de su colonia: Puerto Rico no ha sabido gobernarse a sí mismo.

Ese mensaje llevaba dando vueltas como águila sobre su presa por varios años durante varias administraciones, pero particularmente la de Obama. Comenzó a descender el pájaro en la primavera de 2016 cuando las tres ramas del gobierno republicano de Estados Unidos de América decretaron casi al unísono que Puerto Rico continuaba bajo los poderes plenarios de su Congreso. Toda concesión de autonomía constitucional habría sido eso, una concesión imperial sin más validez que la que el Congreso de turno quisiera otorgarle. Este Congreso en particular — el número 114 — había optado por no otorgarle ninguna.

Cuarenta y nueve congresos después de la invasión de 1898 Puerto Rico es declarado tan colonia como entonces.

Irónicamente, la legislación firmada por Obama ha sido denominada como PROMESA — *Puerto Rico Oversight, Management, and Economic Stability Act.*

Un resumen de la medida indica lo siguiente:

- ➤ El Congreso coloca un gobierno por encima de la Constitución de Puerto Rico y sus funcionarios electos.
- ➤ Ese gobierno se organiza como una Junta de Control Fiscal de siete diputados imperiales.
- ➤ Un regente ocupará la plaza de gobernante interino bajo el mando de la JCF con el título corporativo de director ejecutivo.
- ➤ Se establecerá una sede de gobierno pagada por los puertorriqueños.
- ➤ La JCF tendrá autoridad para dirigir el gobierno de Puerto Rico en todas sus facetas: para proponer o derogar leyes, regir su poder ejecutivo, derogar la jurisdicción de los tribunales de justicia locales, disponer de los activos y valores del país, organizar una nueva estructura de gobierno, controlar los servicios públicos y las utilidades, estructurar la deuda pública,

aprobar planes fiscales y presupuesto, decretar estados, planes y leyes de emergencia, e imponer su autoridad para todo lo anterior de considerarlo necesario.

➢ Los siete diputados serán nombrados por el presidente de los Estados Unidos.

➢ Deben ser expertos en finanzas, negocios o asuntos de gobierno. No pueden ser funcionarios o ex funcionarios de la Isla — electos o designados. Tampoco puede ser un candidato a un puesto electivo de Puerto Rico o tener conflictos de interés.

➢ Seis de los miembros saldrían de listados provistos por los líderes del Congreso: dos recomendados por el presidente de la Cámara de Representantes, dos por el líder de la mayoría del Senado, uno por el portavoz de la minoría cameral y otro por el líder de la minoría del Senado.

➢ Una de las dos personas recomendadas por el presidente de la Cámara de Representantes tiene que ser residente de la Isla o tener negocio primario en Puerto Rico.

➢ El gobernador de Puerto Rico será miembro con voz, pero sin derecho al voto.

➢ La JCF revisará informes de ingresos y gastos del gobierno de Puerto Rico cada tres meses.

➢ La JCF podrá tener acceso a capital privado y expeditar permisos para la adquisición o administración de bienes y servicios públicos.

➢ La JCF podrá suspender convenios colectivos y suspender el derecho a la huelga.

➢ Podrá revisar las leyes laborales y reducir el salario mínimo.

➤ Podrá tomar decisiones sobre los sistemas de pensiones del gobierno.

➤ La JCF decreta una moratoria inmediata en el cobro de deuda del Gobierno, que se extenderá hasta el 15 de febrero de 2017. La junta puede extender la moratoria hasta 75 días adicionales.

➤ La moratoria es la base para fomentar negociaciones entre el Gobierno y sus acreedores, o dar tiempo para decidir forzar procesos de reestructuración de dependencias de Gobierno por la vía judicial.

➤ Puede acelerar procesos judiciales para efectos de esta ley.

➤ Todos los procesos judiciales relacionados a la deuda pública se verán en tribunales federales.

➤ La Junta de Control Fiscal estará en funciones hasta que se logre acceso, a corto o largo plazo, a los mercados financieros y hasta que se logren cuatro presupuestos balanceados de forma consecutiva.

\* \* \*

En ninguno de sus incisos la ley promulgada por la metrópolis indica qué planes tiene para Puerto Rico con posterioridad a la JCF.

Ambiguamente se refiere al status en el Artículo IV Sección 402:

### SEC. 402. RIGHT OF PUERTO RICO TO DETERMINE ITS FUTURE POLITICAL STATUS.

Nothing in this Act shall be interpreted to restrict Puerto Rico's right to determine its future political status, including by conducting the plebiscite as authorized by Public Law 113—76.

El plebiscito a que se refiere es el propuesto y presupuestado por el presidente Barack Obama en el 2014 que nunca se ha llevado a cabo ni tiene fecha para llevarse a cabo.

\* \* \*

La reacción más mesurada a esta ley está contenida en la oposición consignada por el Centro para una Nueva Economía (CNE) — el laboratorio de ideas (think tank) nacional que más tiempo y esfuerzos ha invertido en el tema.

"… este proyecto le impone a Puerto Rico un costo muy alto a cambio de un beneficio muy incierto".

El CNE ha coincidido con la mayoría de los economistas en y fuera del país en que el problema económico de Puerto Rico es estructural y su fundamento más evidente es político — el status colonial de Puerto Rico.

Una de las observaciones académicas más ponderadas es la de la economista Rosario Rivera Negrón: "una mesa de tres patas no se sostiene con una". Puerto Rico nunca pudo organizar su economía porque sólo tuvo control parcial sobre una pata: la política fiscal. Las otras dos, la política comercial y la política monetaria, son del absoluto control de la metrópolis.

La única herramienta que tenía Puerto Rico para manejarse económicamente (hasta ahora que pasa a manos federales), era su política fiscal — la decisión sobre los asuntos contables de la colonia en términos de presupuesto y gastos. Sacado de sus manos el control sobre el presupuesto y los gastos, la realidad de una economía sin poderes políticos para sostenerla es patética.

En términos económicos, pues, la medida de control fiscal es una solución temporera de cuadre de chequera que no resuelve el problema de fondo ni provee una estructura de desarrollo económico para el futuro.

En términos estrictamente políticos la Junta de Control Fiscal es un golpe de estado a la autonomía política dada a la colonia. Vulnera la legitimidad institucional establecida aunque esta fuera una concesión generosa de la metrópolis. Sustituye las autoridades existentes por imposición. Desconoce la legitimidad del gobierno establecido. En todas sus definiciones, lo perpetrado ayer en Puerto Rico equivale a un golpe de estado institucional.

Aún cuando se reconozca ahora como engaño haber representado internacionalmente que Puerto Rico poseía un gobierno autónomo constitucional, lo cierto es que esa versión fue legitimada por seis décadas y ahora se aborta de golpe y porrazo.

Un aparato de gobierno de siete diputados imperiales administrará el territorio colonial. Un regente a sueldo será el próximo gobernador designado. Las tres ramas del sistema republicano de gobierno local quedan en suspenso y merced de la JCF.

El licenciado Fernando Martin, que en su brillante discurso político siempre tiene las maneras más campechanas de ilustrar las cosas, describe PROMESA como "una declaración de incapacidad y nombramiento de tutor".

Lo que no se ha dicho es que viene después.

*5 de Julio de 2016*

# EL *MAKING OF* DE ESTE LIBRO

Cuando invité al economista político Luis Rey Quiñones Soto a mi programa radial del 5 de julio, lo hice con el propósito expreso de auscultar su parecer sobre una idea que me inquietaba: la posibilidad de que Estados Unidos tuviera diseñada ya una estrategia post — Junta de Control Fiscal para darle continuidad a la colonia permanente que había fraguado para Puerto Rico un siglo atrás.

Esa noción choca con el empeño de la metrópolis en pulverizar el Estado Libre Asociado, lo que ha hecho con saña en los pasados años. Si quieren darle continuidad a la colonia, ¿por qué han pisoteado el concepto de colonia por consentimiento que representaba el ELA y su Constitución?

De dicotomías y contradicciones está plagada la historia. Esta en particular está bien plantada ante nuestros ojos ahora y aquí.

Le preguntaría a Luis Rey si había contemplado también la posibilidad de que Estados Unidos no supiera que carajos hacer con la colonia inmerso como está en su propia crisis política. Que estuviera ahora improvisando sobre la marcha.

Para mi sorpresa, Quiñones Soto me envió por correo electrónico un escrito suyo no publicado — *Junta de Control Fiscal y los Fundamentos Políticos y Económicos de la Crisis* — que me daba mucha de la respuesta a la pregunta que todavía no le había formulado.

Sonreí. La coincidencia de pensamiento entre ambos es frecuente aún cuando el peritaje sobre el tema de la economía política es suyo, no mío. Mía es la curiosidad, la intuición, la cultura política que me he fraguado. Suyo el conocimiento profundo de la economía política. Quiñones Soto ha sido mi brújula en una disciplina que domina con una erudición impresionante.

De aquella conversación surgió no solo la columna publicada el 11 de julio en El Nuevo Día — *El ojo en la bola*. Surgió también la idea de publicar este libro. Idea que atrancó mi socia de vida Graciela Rodríguez Martinó con su sagacidad cáustica:

"Pues tenemos cinco años para forjar un plan. Esta vez tenemos un plazo definido. En cinco años tenemos que estar listos para la independencia o meternos la lengua donde nos quepa".

Cinco años, diría yo, para por lo menos saber por donde rompe la ola. Cinco años, que es el plazo calculado para la intervención directa de la Junta en el gobierno de Puerto Rico.

La Junta de Control Fiscal estará en funciones hasta que se logre acceso a corto o largo plazo a los mercados financieros y hasta que se logren cuatro presupuestos balanceados de forma consecutiva.

Cinco años para descifrar el plan maestro de la metrópolis y desarrollar un plan político contestatario. En su defecto,

cinco años para reaccionar aislada y visceralmente a cada movida de la JCF y sentarnos a ver pasar la historia.

Me entró la prisa por contribuir en algo a acelerar lo primero. Mi fuerte es poner las cosas en perspectiva. Esa misma noche bosquejé lo que tienen en sus manos.

Al otro día fue la colega y espiritista Vivien Mattei quien coronó la idea:

"Como nos ocurre individualmente, ocurre con los colectivos. Tienen que aprender de las experiencias que se le ofrecen para adelantar. Puerto Rico no ha querido aprender de sus experiencias. Nos hemos creído ser un país de primer mundo, rico y engreído. La Junta no es una causa, es el efecto de no haber aprovechado las lecciones que se nos han dado. Nos toca sufrir como pueblo esta nueva experiencia a ver si aprendemos".

Entonces me enumeró las cinco características del colectivo que tenemos que atacar con la educación como única arma — ignorancia, desconfianza, rivalidad, violencia, e irresponsabilidad.

De la primera surgen todas las demás y es la más grave. Si para ser libre hay que ser culto, como advirtió José Martí, tenemos un problema serio. En cinco años no vamos a revertir 118 años de des—educación premeditada.

Pero quizás podríamos, quizás, utilizar nuestras mejores mentes para conformar una intención de respeto al margen de las diferencias ideológicas y llamar la atención de la metrópolis. Para eso tenemos que aprender a hablarnos y no parar hasta que encontremos un terreno común.

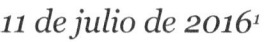

*11 de julio de 2016*[1]

# EL OJO EN LA BOLA

Hemos dicho unos y otros que Estados Unidos nos está abriendo la puerta hacia la independencia con su maltrato. Que nos está empujando para que optemos por separarnos.

Aún convencida de que la única alternativa a la colonia es la independencia, tengo dudas, serias dudas, de que ese sea el deseo y la intención de la metrópolis. Por más que me gustaría que lo fuera, la historia me impide confiar porque da y repite dos lecciones sobre el coloniaje: (1) los imperios no ceden a menos que se les obligue y (2) la independencia no se regala, se lucha.

Seguro y envanecido de su poder, puede que Estados Unidos esté gestando un cambio de capataces, no de status. Un escarmiento, un nuevo período de generosidad artificial y una nueva clase política que mantenga lo que el imperio decidió hacer de Puerto Rico desde un principio: una colonia permanente.

Puede que la metrópolis esté demasiado confiada en haber hecho bien su trabajo de sumisión colonial y no anticipe levantamiento alguno. Que espere, por el contrario, la gratitud

---

1 Columna publicada en *El Nuevo Día*.

de una mayoría que piensa que el americano viene a castigar a la clase política corrupta que se le fue de las manos y ha estropeado el paraíso. Una mayoría que contenga la minoría que siempre resiste.

La Junta de Control Fiscal no es una improvisación política de la metrópolis. Es parte de su plan maestro. Apuntalado en la determinación inicial de hacer de Puerto Rico una colonia permanente: una unión indefinida a la metrópolis como territorio no incorporado y el vínculo de la ciudadanía — aunque disminuida — del imperio más poderoso como disuasivo a la sedición.

Debemos entonces discutir la posibilidad de que la Junta de Control Fiscal venga a castigarnos para certificar su poderío y evidenciar que no podemos vivir sin la metrópolis. Mantener la colonia para lo que fue y sigue siendo, un enclave económico rentable que le produce sobre $30,000 millones en ganancia anual.

Esa sería la finalidad subliminal. La evidente es que paguemos la deuda pública de $72 mil millones en la que gobernantes inescrupulosos nos han metido.

Para hacerlo nos queda muy poco. El economista Luis Rey Quiñones Soto revela que para 1999 Puerto Rico poseía en activos y propiedades unos 42 mil millones de dólares. Esos activos se han reducido a poco más de 13 mil millones.

Qué nos quedará después que la Junta venda, privatice, despida y despoje lo que le apetezca para satisfacer la deuda con los bonistas es lo que no sabemos.

Una deuda que ahora sabemos que no es real sino la suma de los intereses que se han acumulado. $33,500 millones por una deuda de $4,300 millones. En el caso de COFINA — Corporación del Fondo de Interés Apremiante, $20,600 millones por una deuda de $3,300 millones.

Deuda incurrida por administradores corruptos que no pagarán con un solo día de su vida ni un solo peso de su bolsillo el daño que le han hecho al país.

¿Una clase política que podría ser sustituida por una fiscalmente responsable pero igual de colonial?

Volveríamos al círculo vicioso porque la colonia no fue instaurada para sostenerse y crecer por su cuenta.

\* \* \*

**Nota**: *Vale colar aquí que sí fue instaurada para endeudarse y pagar por todo lo que al americano se le antoje. Como nos dice el economista Quiñones Soto, desde el mismo principio a la colonia se le proveyó para "una estructura de recaudos que no toca el fisco del americano". Eso vuelve a hacerse evidente con las disposiciones de la JCF. Todo el andamiaje y las operaciones de la JCF tiene que se sufragado por el pueblo colonizado.*

\* \* \*

Como dije en el capítulo anterior, la tenacidad con que la metrópolis se ha lanzado a aniquilar el ELA como fórmula política aceptable y sancionada, choca con la idea de que pretenda darle continuidad a la doctrina de colonia perma-

nente. Ciertamente, pueden sacarse otro conejo de la manga. Como puede que no lo tengan claro.

También nos quedan las otras teorías. Que Estados Unidos haya decidido incorporar el territorio de Puerto Rico como preámbulo a convertirlo en un estado de la unión. Eso no es compatible con la actitud displicente de ambos partidos capitalistas estadounidenses hacia sus más fervientes seguidores en la Isla. La de los republicanos ha sido brutal. La de los demócratas paternalista. Ambas insultantes.

Tercera teoría: que ciertamente se haya optado por facilitar el camino hacia la creación de una república amiga que le gane prestigio internacional. Mi suspicacia educada impide que tome esto a *prima facie*.

La cuarta es de una libre asociación. Hay que ver, sin embargo, que esa no le ha dado a Estados Unidos los resultados de paz y en el cielo gloria en otras jurisdicciones en que la han intentado.

(Fíjense como estas cuatro alternativas son precisamente las que ha planteado Obama como las que deberían ir a un plebiscito sobre status y que había tenido tan entusiasmados a los estadolibristas pensando que se les abría el camino a la culminación del ELA.)

De todo esto lo que se desprende es la pregunta lógica: ¿Qué es lo que Estados Unidos ha decidido que le conviene hacer en Puerto Rico y con Puerto Rico? Sería iluso pensar que cualquiera que sea su plan lo hace porque le conviene a Puerto Rico.

La otra interrogante es sobre quién decide lo que le conviene a Estados Unidos. Esa es más fácil de contestar. Los intereses económicos del capitalismo que son la raíz y el propósito del sistema americano.

Sabemos que el status político de un país es irrelevante al neoliberalismo globalizado y el aprovechamiento capitalista. Por lo tanto, el diseño de un plan político para Puerto Rico tiene que tener otros fundamentos que se nos pueden estar escapando.

No pretendo responder yo a estas interrogantes. Pero sugiero encarecidamente su discusión. Quizás en buscar la respuesta encontremos el denominador común para acudir como colectivo ante la metrópolis y exigir que se sienten a hablar con nosotros.

No podemos quitarle el ojo a la bola.

A continuación, reproduzco con permiso del economista Luis Rey Quiñones Soto, el escrito que discutimos. Agradezco su generosidad, toda vez que este escrito es parte de un libro inédito.

# JUNTA DE CONTROL FISCAL Y LOS FUNDAMENTOS POLÍTICOS Y ECONÓMICOS DE LA CRISIS

*Luis Rey Quiñones Soto*

## INTRODUCCIÓN

La Junta de Control Fiscal (JCF) atosigada hasta ahora por el Ejecutivo y la Cámara de Representantes de Estados Unidos a la colonia ——territorio no incorporado, en la jerga imperial—— no es una determinación política aislada. Ésa ha sido una decisión implantada en la lógica de dominio permanente del aparato militar y de seguridad estadounidense, confirmado por el parco Congreso, la presidencia y la judicatura a lo largo de los siglos XX y XXI.

## TRÍAS MONJE TESTIMONIA

José Trías Monje, en *Cómo fue* (2001, 133), confiesa su participación como asesor de Muñoz Marín para legitimar el asedio al nacionalísimo y al independentismo con la Ley 53 de 1948 (*La Mordaza*, Acosta, 1989, 19—23) a partir de la Ley Smith de 1940.

En *Historia constitucional de Puerto Rico* documenta su hipótesis de una política de relación colonial permanente de Estados Unidos para con Puerto Rico, forjada por una práctica militar y legitimada por los Casos Insulares, en que no es permitido avanzar hacia el territorio ni hacia la estadidad, mientras se desalienta con reformas y represión la independencia.

En *Las penas de la colonia más vieja del Mundo* (1997, 40—64) el juez concluye que los Casos Insulares legitiman un hecho ya consumado: la formación de un imperio colonial en el cual Puerto Rico puede ser poseído y gobernado indefinidamente (1997,64).

## LA PRESIDENCIA DEL IMPERIO BOBO TESTIFICA

En 1909 el presidente William H. Taft (Trías, 1981, 35) se expresa con franqueza: La conexión entre Estados Unidos y Puerto Rico es permanente y fue desde el principio considerada permanente.

Asimismo reconfirma (1980, 110), con citas al *Informe del Negociado de Asuntos Insulares de 1916*, que la ciudadanía americana a los puertorriqueños se concede como disuasivo para mantener un vínculo permanente de Puerto Rico con Estados Unidos; sin tránsito alguno hacia el territorio o la estadidad, al tiempo que desalienta la independencia. Luego agrega, con expresiones del Departamento del Interior ante la Comisión del Senado en 1950 (S.3336), que la autorización a una convención constituyente para que el Pueblo de Puerto Rico redacte una constitución, *no podrá cambiar las relaciones fundamentales políticas, económicas y sociales de Puerto Rico con Estados Unidos* (1981, 51).

DENUNCIAS DE TORRUELLA

El juez federal Juan R. Torruella denuncia la relación colonial y corrobora lo expresado en voz alta por el andamiaje militar, congresional y presidencial, incluidos Bush y Obama: *la aprobación de la autonomía para Puerto Rico en 1952 no cambio su estatus constitucional fundamental como territorio de los EE.UU., sujeto a la autoridad suprema del Congreso bajo la Cláusula Territorial* (2016, 2).

Torruella no se detiene hasta denunciar, con pelos y señas, las causales políticas de la crisis:

Esta irrefutable condición colonial, resultado directo de los Casos Insulares y del régimen que legalizaron, continúa dictando el porvenir de la Isla y sus habitantes hoy día. Esta es la causa predecesora y subyacente, y el catalítico actual de la debacle económica en la que Puerto Rico se encuentra, ya que ha capacitado, sino promovido, un abuso significante y continuo por parte del capital americano, en detrimento de Puerto Rico y sus ciudadanos, desde el primer día (Ibíd.).

TESTIMONIO FISCAL:
LEYES PARA FINANCIAR GOBIERNO INTERNO COLONIAL

La narrativa sobre el desarrollo histórico de los fundamentos fiscales de Puerto Rico, de 1898 en adelante, es elocuente. Los principios al erario colonial fueron construidos por disposición imperialista al amparo de la Cláusula Territorial de la Constitución estadounidense:

El Congreso podrá disponer de, o promulgar, todas las reglas y reglamentos necesarios en relación con, el territorio o cualquier propiedad perteneciente a Estados Unidos (Art. IV, Sec. 3).

La Ley Foraker —Sec. 2, 3, 4, 5, 12, 36, 38— se adentra de inmediato en materia fiscal para allegar ingresos al gobierno interno para costear la administración colonial —*los sueldos de todos los funcionarios de Puerto Rico*, nombrados o no por el Presidente, *y todos los gastos de oficina, [y todos los gastos y obligaciones contraídas para mejoras internas* (Sec.12)] *serán pagados con las rentas de Puerto Rico* (Sec.36). El Congreso y la presidencia delinean así una estructura de recaudos que no toca el fisco del americano (Sec. 2, 3, 4) y abren las puertas a la inversión directa estadounidense al declarar exentas las exportaciones al continente (Sec. 38). La exoneración exportadora, al tocar las ganancias, no dejará mucho para la reinversión en la economía de la colonia. En consecuencia, Congreso y presidencia, engordan al fisco colonial con impuestos a las importaciones extranjeras, contribución sobre propiedad, derechos sobre licencias e impuestos a las importaciones manufactureras estadounidenses (Sec. 3, 38).

Para la emisión de deuda, la Ley Foraker estatuye como base el siete por ciento de la propiedad pública disponible. La Ley es clara, y cínica: especifica cómo y para qué se ha de utilizar la deuda: *para proveer á* (sic) *gastos legítimos, proteger el crédito público, y reembolsar á los Estados Unidos por dinero gastado ó* (sic) *que pueda gastarse del fondo de improvistos*

*del Departamento de Guerra para socorrer la angustiosa situación industrial de Puerto Rico causada por el huracán de agosto de 1899* (Sec. 38).

La Ley Jones (Art.3, 6, 9, 50, 58) y la Ley de Relaciones Federales (Art.3) repiten el mismo molde fiscal que obliga al pueblo invadido a pagar la administración colonial y el desarrollo de infraestructuras básicas que requieren las inversiones estadounidenses.

Ayer como hoy, las corporaciones estadounidenses en operaciones exportan el grueso del volumen y valor que sale de Puerto Rico hacia Estados Unidos. En una economía acaparada por el mercado y el capital estadounidense, la exención a las exportaciones corporativas estrecha la capacidad de recaudo de las arcas coloniales.

La imposición tributaria a las importaciones manufactureras estadounidenses que pasan al circuito del consumo puertorriqueño —a sobreprecio de cabotaje— eleva por partida doble el costo de vida y empobrece a la población residente. Las exportaciones eximidas abaratan el costo de vida de los estadounidenses. Además, el salario en la colonia, bajo estas consideraciones, resulta un referente poco decoroso e inadecuado como base para el recaudo por concepto de contribución sobre ingresos. *En 1917 el salario de los trabajadores de la caña en Puerto Rico fue de 63 centavos, comparado con 77 centavos en Hawaii y $1.26 en Cuba. En 1928, el salario era poco menos de la mitad del salario en otros países tropicales para la producción de los mismos productos* (Diffie 1931, 86).

El fiasco en el fisco lo incapacita para enfrentar urgencias naturales, sufragar gobierno interno y desarrollar infraestructuras, en un país escaso de infraestructuras. La emisión de deuda y la administración colonial tienen que asumirse, sin poder, por el bolsillo de los isleños. Ésa insolvencia fiscal no es gratuita ni casual, nace de la naturaleza del poder imperial para imponer a los residentes en la colonia la responsabilidad financiera para pagar administración e infraestructuras. Se empeora con el trato proteccionista que reciben las corporaciones privadas estadounidenses que operan en la colonia —subsidios, exenciones y bajos salarios. Esta es la otra parte de la explotación capitalista, bajo el coloniaje, que tiene lugar sin tocar el fisco federal ni contribuir al colonial.

Para colmo, en abril de 1936, el proyecto del senador Tydings redactado en la División de Territorios y Posesiones — (Art.102, 17.b.3): *el pago de intereses y capital constituirán un primer gravamen sobre los impuestos que se cobren en Puerto Rico*— retoma la postura imperial inicial que la deuda es responsabilidad del gobierno colonial, para enquistarlo en la Constitución del Estado Libre Asociado (Art. VI Sec. 8): *se procederá en primer término, al pago de intereses y amortización de la deuda pública.*

### PÉRDIDA LA INOCENCIA Y EL ENGAÑO

La JCF es hija legítima de ese poder imperial sobre la colonia.

Pero no todo es seguridad ni la crisis fiscal es la causante de la crisis en la estructura económica del enclave colonial. El dominio colonial y la explotación capitalista se expresan mejor en dólares y centavos.

En medio de pobreza, desempleo, emigración, deuda y crisis, de 1950 a 2015, sus empresas en Puerto Rico han enviado a Estados Unidos ganancias por $725 mil millones: $649 mil millones la inversión directa; $76 mil millones, el capital financiero. Las corporaciones públicas han pagado en interés, a éste último, $29.4 mil millones (*Informes económicos al gobernador, 1950 – 2015*).

Sin pagar impuestos, subsidiado y centrado en mercados externos, el capital estadounidense no necesita reinvertir en Puerto Rico. No se reinvierte porque las corporaciones de inversión externa del americano importan y exportan, no para las necesidades del mercado colonial, sino para la demanda y escala del mercado mundial y estadounidense. La fuerza trabajadora se torna excedentaria: desempleo, pobreza y emigración son sus resultados.

Exención, subsidios y no reinversión han empujado al País por el barranco de la deuda pública.

Este otro cimiento de pobreza, desempleo, emigración, deuda y crisis lo impone el mollero imperial con la protección a la exportación de ganancias que concede, desde 1921, el Código Federal de Rentas Internas al capital estadounidense en los territorios coloniales. Primero se llevaron el azúcar y dejaron el bagazo; ahora, exportan ganancias y dejan deudas que, con prioridad, quieren que paguemos.

El ELA nunca tuvo gobierno propio. Gobierno interno sí: sustitución del funcionario americano por el criollo colonizado y beneficiado por su intermediación, a pesar de la deuda.

En fin, la JCF pretende ahora regresar el gobierno interno al administrador americano para asegurar que el boricua pague al bonista de ellos.

*25 de Julio de 1898*

# EL DESTINO MANIFIESTO

Estaba oscuro todavía cuando la flota norteamericana se detuvo a las 5:20 de la mañana frente a la Bahía de Guánica el lunes 25 de julio de 1898. El convoy de barcos se reagrupó en la boca de la bahía y no fue hasta las seis de la mañana, cuando ya estaba claro, que enviaron el buque de reconocimiento a determinar si el calado era suficientemente profundo.

Venían del Canal de la Mona por lo que imagino al comandante Richard Wainwright ordenando al yate cañonero USS Gloucester entrar a la bahía "a babor a toda velocidad". Salió con la misma prisa una vez comprobó que la profundidad era adecuada y que el general Nelson Miles se saldría con la suya al desembarcar en Guánica en vez de por Fajardo como dictaban los planes originales de la invasión.

Para el cambio de plan, Miles salió sin encomendarse a nadie desde Guantánamo en Cuba el jueves antes, 21 de julio. Cuatro días en alta mar bordeando toda la costa norte de Haití y la República Dominicana para cruzar el tortuoso Canal de La Mona debía traer exhaustos a los soldados. Pero la adrenalina se hizo cargo cuando llegaron frente a Punta Pescadores.

Desde el faro de Guánica, posiblemente muy angustiado, el torrero Robustiano Rivera observó la maniobra del Gloucester. Los veía clarito porque el acantilado en Carenero, donde

41

estaba enclavado el faro, quedaba al otro lado de la boca de la bahía justo frente Punta Pescadores.

Aunque ya le había avisado al alcalde de Yauco, Atilio Gaztambide de la llegada de los americanos, sabía que ni el gobernador Manuel Macías en San Juan se apercibía como él como torrero de lo que les esperaba. Veía trece embarcaciones que él calculaba traían más de tres mil soldados que entrarían por un poblado donde habían veinte casas de madera y cuarenta bohíos.

No se equivocaba. Antes de acabar la mañana desembarcaron tres mil trescientos. Solo necesitaron arriar una lancha del Gloucester con los primeros 28 para atravesar el pequeño muelle, dirigirse al asta de la bandera frente a la casa del cabo de mar Vicente Ferrer, bajar la española y subir la norteamericana. Cuando el general Miles arribó con su cuota de mil trescientos soldados de infantería en el vapor Yale la suerte estaba echada.

Los norteamericanos venían inspirados. Se amparaban en la doctrina del Destino Manifiesto que les había justificado antes exterminar y/o someter a los americanos nativos en el continente. Era cosa de Dios que se expandieran a sangre y fuego, primero por todo el continente desde las costas del Atlántico hasta el Pacífico y luego a donde les viniera en gana.

Desde el 1630 el reverendo John Cotton de la iglesia puritana de Nueva Inglaterra había hablado claro:

Ninguna nación tiene el derecho de expulsar a otra, si no es por un designio especial del cielo como el que tuvieron los israelitas, a menos que los nativos obraran injustamente con

ella. En este caso tendrán derecho a librar, legalmente, una guerra con ellos y a someterlos.

Desgraciadamente fue un periodista —siempre metiendo la cuchara— quien movilizó la opinión pública a adoptar como bueno el designo de Dios desde la revista Democratic Review de Nueva York en julio de 1845. Se llamaba John K. O'Sullivan el muy desgraciado.

El cumplimiento de nuestro destino manifiesto es extendernos por todo el continente que nos ha sido asignado por la Providencia, para el desarrollo del gran experimento de libertad y autogobierno. Es un derecho como el que tiene un árbol de obtener el aire y la tierra necesarios para el desarrollo pleno de sus capacidades y el crecimiento que tiene como destino.

Se sindicalizó el hombre, y para diciembre ya se había expandido al New York Morning News.

Y esta demanda está basada en el derecho de nuestro destino manifiesto a poseer todo el continente que nos ha dado la Providencia para desarrollar nuestro gran cometido de libertad y autogobierno.

Entre 1845 y 1898 hubo bastante tiempo para imprimir el Destino Manifiesto en el ADN ideológico de los estadounidenses, que se arrogaron la exclusividad del término *americano* para entonces proclamar *América para los americanos*.

Contrario a los historiadores que dijeron alguna vez que la bondadosa y generosa joven nación liberadora no tenía intenciones de ser un imperio cuando invadieron a Puerto Rico, ya sabemos que no fue así. La política expansionista y colonialista extra continental no fue espontánea. De hecho, se cuajó en Harvard.

WILDA RODRIGUEZ

*19 de febrero de 2014*

# SE CUAJÓ EN HARVARD

Era miércoles y hacía un frío pelú en Cambridge, Massachusets el 19 de febrero del 2014. Dos puertorriqueños ideológicamente distantes acudieron muy bien abrigados y mejor preparados a un curioso foro para re examinar el fenómeno de los Casos Insulares.

Lo singularidad del evento residía en que lo auspiciaba precisamente la institución que fraguó la doctrina de los Casos Insulares — las decisiones del Tribunal Supremo de Estados Unidos entre 1901 y 1922 que conforman el poder de la metrópolis sobre los territorios adquiridos en la Guerra Hispanoamericana en 1898: Hawaii, Filipinas, Guam y Puerto Rico. Las decisiones que legalizan y legitiman la conversión de Estados Unidos de nación libertaria a imperio colonial.

Fueron los académicos de la Escuela de Derecho de Harvard los que integraron en 1899 el laboratorio de ideas — *think tank*— que le proveyó a Puerto Rico, entre otras cosas, su limbo jurídico: *Puerto Rico pertenece pero no es parte de Estados Unidos.*

Aunque todavía se debate y se disputa la participación también de los intelectuales de la Universidad de Yale en proveerle al sistema judicial estadounidense la doctrina para los Casos Insulares, Harvard se lleva el dudoso prestigio.

\* \* \*

Como siempre parece haber un periodista enredado en nuestra historia política, fue precisamente el último de los casos insulares del período 1902−1922 el del editor de un periódico de Arecibo, Jesús María Balzac y Balzac. Acusado de libelo criminal por comentarios publicados contra el gobernador Arthur Yager, Balzac v. Porto Rico 258 U.S. 298 (1922) puso a prueba la extensión del derecho a juicio por jurado de la sexta enmienda de la Constitución de Estados Unidos a los ciudadanos de Puerto Rico.

Recuérdese que apenas cinco años antes (1917) la Ley Jones había extendido la ciudadanía estadounidense a los puertorriqueños.

Balzac era periodista y sindicalista. Sus comentarios contra Yager fueron parte de su lucha por los derechos de los trabajadores. Al gobernador Yager no le gustaron, menos viniendo de un líder de un partido laboral y colaborador cercano de Santiago Iglesias Pantín.

Mandó a traducir los editoriales de Balzac y decidió acusarlo de libelo. Balzac fue procesado criminalmente por dos cargos separados. Le negaron en ambas ocasiones el juicio por jurado amparado por la Constitución de Estados Unidos. Fue hallado culpable y condenado a cinco y cuatro meses de cárcel en cada uno de los casos. Entonces apeló al Tribunal Supremo Federal. Perdió.

El Supremo Federal dejó claro que no todos los derechos de la Constitución de Estados Unidos aplicaban los ciudadanos de un territorio que no estaba incorporado a la unión americana. La extensión de la ciudadanía estadounidense a los puertorriqueños a través de la Ley Jones no tenía el efecto de incorporar a Puerto Rico a los Estados Unidos. La determinación de incorporar un territorio corresponde al Congreso de los Estados Unidos.

Balzac v. Porto Rico es considerado como el último de los Casos Insulares de la serie original (1901 – 1922). Ha habido uno que otro más que por su naturaleza se ha adscrito al bloque. Ahora, a mi juicio, hay tres más en el 2016: Puerto Rico v. Sánchez Valle, Puerto Rico v. Franklin California Tax – Free Trust y Tuana v. United States

En el primero, Puerto Rico v. Sánchez Valle, del 9 de junio de 2016, la Corte Suprema decidió que el Estado Libre Asociado (ELA) no tiene soberanía propia para fines de la cláusula constitucional federal contra la doble exposición en casos criminales. La soberanía de Puerto Rico sigue recayendo en el Congreso de Estados Unidos, confirmó el Supremo Federal.

En el segundo, del 13 de junio, en Puerto Rico v. Franklin California Tax – Free Trust el Tribunal Supremo decretó que Puerto Rico no tiene derecho a promulgar su propia ley de quiebra ni acogerse a la ley de quiebra federal, confirmando una vez más que Puerto Rico tiene un status sujeto a los poderes y decisiones del Congreso.

En el tercero, en decisión también del 13 de junio el Tribunal Supremo, en Tuana v. United States, le negó la ciudadanía estadounidense a los nacionales del territorio Samoa, dejando esa determinación al poder del Congreso sobre el territorio.

Quiérese decir que aún hoy la doctrina diseñada por los profesores de Harvard apuntalan la condición colonial de Puerto Rico.

Es también la que sostiene la imposición por el Congreso de una Junta de Control Fiscal con poderes de gobierno por sobre la Constitución de Puerto Rico y sus funcionarios electos

Esa doctrina se cuajó en un laboratorio de ideas de profesores e intelectuales al que convocó el decano de derecho de la Universidad de Harvard James Barr Arnes en 1899.

Ciento quince años después y con una decana mujer y liberal, Martha L. Minow, la Universidad de Harvard decide retomar el tema. No sabemos por qué, pero me gustaba la idea de que Minow, con una trayectoria como experta en derechos humanos y derechos de minorías, haya tenido resquemores con el servicio prestado por Harvard al imperialismo colonial. ¿O no?

Como haya sido, Harvard retomó la discusión de los Casos Insulares en el 2014 con el insumo de dos puertorriqueños: el ex decano de la escuela de leyes de la Universidad de Puerto Rico Efrén Rivera Ramos y el juez federal Juan B. Torruellas. Mejor representados imposible.

Independentista el primero y anexionista el segundo, ambos son considerados como juristas de inmenso prestigio y sólida cultura. También como defensores de la descolonización de Puerto Rico. De ahí que su intervención en este foro de Harvard no puede pasar desapercibida.

Rivera Ramos planteó allí que los casos insulares tuvieron como objetivo el proporcionar una base constitucional a la gobernanza de los Estados Unidos sobre los territorios no incorporados. Su resultado fue legitimar, a través de argumentos constitucionales, un estado indefinido de subordinación política. Dicho de otra forma los Casos Insulares pusie-

ron la Constitución de los Estados Unidos al servicio del colonialismo.

La interrogante que se le planteaba a Rivera Ramos era si los Casos Insulares debían y podían ser descartados de la jurisprudencia federal.

Ese, que es el planteamiento de Torruellas, en Rivera Ramos parece encontrar una respuesta diferente. Como cuestión de hecho, dice, no será en la esfera judicial donde ser resuelva el asunto territorial, sino en el Congreso.

Lo interesante es que Rivera Ramos fundamenta su posición precisamente en los señalamientos del juez presidente del Tribunal Supremo que entendió en el caso Balzac v. Porto Rico, el juez William Howard Taft. Taft fue el que estableció una distinción entre reclamaciones constitucionales y reclamaciones políticas. Las primeras se resuelven en los tribunales. Las segundas, particularmente las relativas a los derechos de participación ciudadana o la definición de la condición política de los territorios, las determina el Congreso o el pueblo de Estados Unidos.

La evidencia señala que esa es la norma que sigue vigente en el Tribunal Supremo — dejar en manos del Congreso el poder y las decisiones sobre los territorios.

Torruellas, por su parte, fue mucho más crudo y duro en lo que llamó su *Harvard Pronouncement*. Imagino que lo hizo a sabiendas de que lo que decía cargaba una responsabilidad histórica sobre la institución donde se pronunciaba.

El juez del Primer Circuito de Boston es de los que piensa que los Casos Insulares deben ser erradicados del pensamiento constitucional porque "promueven principios que

son contrarios al derecho internacional y que son representativos de una época en bancarrota moral" en Estados Unidos.

Para Torruellas, los Casos Insulares son eco de la doctrina Plessy v. Ferguson, donde bajo el lema "separados pero iguales", se legitimó la segregación racial en los estados del sur de los Estados Unidos tras la Guerra de Secesión y la Reconstrucción

El juez fue enfático en que no existe derecho más valioso que el derecho al voto y que los Casos Insulares socavan este derecho fundamental para millones de ciudadanos.

El gobernar sin el consentimiento y la participación de los gobernados es contrario a la Constitución de los Estados Unidos.

En un pronunciamiento que según algunos está más a tono con el pensamiento anti anexionista, pero que ciertamente tiene su fundamento en la misma filosofía revolucionara secesionista de Thomas Paine frente a Inglaterra para 1766, Torruella planteó que ante la inacción jurídica y política de Estados Unidos para con Puerto Rico existe otra opción viable: el que las acciones civiles ejerzan presión económica sobre el *establishment*.

Torruella ha llegado a sugerir en más de una ocasión que se de un boicot de consumo contra las cadenas multinacionales en Puerto Rico.

Debe saberse que el interés de Torruella en los Casos Insulares no es nuevo. Ya para 1985 había escrito un libro sobre el tema: *The Supreme Court and Puerto Rico: The Doctrine of Separate and Unequal*, que a su vez fue escudriñado por el también juez federal puertorriqueño José A. Cabranes para el Harvard Law Review en diciembre de 1986.

*23 de junio de 2016*

# ¿CÓMO NOS COLAMOS?

El jueves 23 de junio amanecí molesta y abrumada por la saturación noticiosa como secuela de la aprobación en la Cámara de Representantes del Congreso del proyecto H.R. 5278 —PROMESA— y la expectativa de la aprobación del mismo por parte del Senado Federal.

Contrario a otros analistas que confiaban en un tranque en el Senado, nunca puse en duda esa aprobación. Mi experiencia personal y directa con la política estadounidense como periodista y activista de la diáspora mientras residí en Nueva York, me decía que el tracto del proyecto era evidente. Ambos partidos institucionales habían decidido reclamar la autoridad del Congreso sobre el territorio. Ahora bailaban la danza de los siete velos pero el final sería el mismo: Puerto Rico en bandeja de plata, decapitado y sangrante.

Todos los días me levanto a transitar la red, no solo con la misión de prepararme bien para mi programa radial del mediodía en WIAC 740, sino con la curiosidad innata de la periodista de seguir rebuscando sobre los temas que me interesan hasta dar con algo nuevo que me ayude a seguir revelando la verdad.

Par de días atrás me había encontrado con que en diciembre de 1986 el juez José A. Cabranes había reseñado y analizado para el Harvard Review el libro que había publicado el

juez Juan B. Torruella en 1985 *The Supreme Court and Puerto Rico: The Doctrine of Separate and Unequal.*

No creo en casualidades. En el 2014, un par de meses después de la discusión en Harvard sobre los Casos Insulares, entrevisté a uno de sus participantes en mi programa radial, el doctor Efrén Rivera Ramos, a quien me une una amistad personal de cuando ambos éramos *inocentes e indocumentados.* Ahora él es uno de los intelectuales de más prestigio del país y yo una veterana en suspicacia. Bromeamos fuera del aire sobre si el nuevo empeño de Harvard con los Casos Insulares era sentido de culpa.

Pues no. El dato sobre Cabranes me iluminó una sospecha que venía anidándose en mí hacía meses: Harvard sigue siendo tan conspiradora antes como ahora del imperialismo estadounidense. Harvard nunca ha abandonado la discusión del tema aunque no lo divulgue. Harvard está detrás del neocolonialismo yanqui. Minow no es la de la idea.

Esa es mi conclusión personalísima. Aprendí precisamente de ex alumnos de Harvard que la gran corporación tiene sus conspiradores permanentes y que ser paranoica no quiere decir que no me estén siguiendo.

Barack Obama fue presidente del Harvard Law Review. El Secretario del Tesoro es bachiller de Harvard College. El asesor del Secretario del Tesoro Antonio Weiss —para mi el Maquiavelo mayor de esta conspiración— obtuvo su maestría en administración en Harvard. Por cierto, no voy a dejar pasar por alto aquí que Weiss viene de la plantilla de Lazard, una firma mógul de asesores financieros con 168 años de experiencia y oficinas en más de 40 ciudades del mundo que tiene por costumbre contratar ex funcionarios gubernamentales, desde ministros de Serbia, Chile y Australia hasta asesores de presidentes como Vernon E. Jordan (Bill Clinton).

En este caso, Lazard, experta internacional en reestructuración de deudas de países en estrés, tiene su cuadro dentro de la administración Obama y en los corillos de Washington D.C. se comenta que Weiss regresa a Lazard una vez cumplida su misión. Es más, ¿por qué no decirlo aunque sea un chisme? Se comenta que el propio presidente Obama podría terminar con un contrato en Lazard.

Decía el doctor Francisco Ortiz Santini en una entrevista radial de La Voz del Centro con Angel Collado Schwartz que los Casos Insulares son producto de la mentalidad legalista de Estados Unidos. Ortiz Santini, historiador y abogado, es uno de los estudiosos más acreditados de Balzac v. Porto Rico. En la entrevista con Collado Schwartz provee una teoría convincente que abona a la mía, con más erudición la de él, claro. *Estados Unidos siempre ha buscado legitimación legal a sus acciones.* Su mentalidad legalista le llevó a buscar en el Tribunal Supremo la corroboración de que su política expansionista y su creación de un imperio colonial estuviera sancionada por la Constitución.

El Tribunal Supremo a su vez se nutrió de la intelectualidad jurídica que para fines del siglo pasado estaba estacionada en Harvard.

Algo me dice que intelectuales de Harvard vuelven a estar detrás del neo colonialismo, de las posiciones del Procurador

General de los Estados Unidos, Donald B. Verrelli Jr. ante el Supremo (aunque Verrelli viene de Yale) y de PROMESA.

Soy de las que creo que tenemos que colarnos en la discusión de los poderes que son. Colarnos como interlocutores en el foro donde ser originó la política colonial de Estados Unidos y donde obviamente se sigue discutiendo es elemental. Hay que colarse en todos los foros donde se pueda discutir el caso de Puerto Rico. Necesitamos interlocutores en todos. Harvard para mi puede ser el principio de esta coladera.

Azuzada pues por toda la información que acumulaba sin querer queriendo, fue que me levanté el jueves 23 de junio de 2016 y confieso que no se cómo, de un tirón y sin encomendarme ni consultar a nadie, le escribí al Presidente de la Universidad de Puerto Rico la siguiente carta y se la envié por correo electrónico antes de arrepentirme.

## WILDA RODRÍGUEZ
Ponce, Puerto Rico

*23 de junio de 2016*
*Dr. Uroyoán R. Walker Ramos*
*Presidente*
*Universidad de Puerto Rico*

Señor Presidente:

Me dirijo a usted como ciudadana.

Me amparo en el Artículo 2 (b)(5) de la Ley Número 1 del 20 de enero de 1966, conocida como la Ley de la Universidad de Puerto Rico que dispone como una de las misiones de la Universidad la búsqueda de soluciones a los problemas del país.

A la luz de ese Artículo solicito que la Universidad de Puerto Rico asuma su responsabilidad en buscar para el país la solución al estatus.

Dada la ineficacia de los partidos políticos para producir soluciones al problema político que todos identificamos como el más grande del país, corresponde a la UPR atribuirse la facultad que se le confiere y unir las mentes más capacitadas hacia ese propósito montando un laboratorio de ideas – *think tan* – que provea con claridad y precisión las alternativas de estatus y de procesos definitorios que tenemos a nuestra disposición.

Sugiero también que la UPR solicite la colaboración de la Universidad de Harvard para la integración de este laboratorio, toda vez que fueron precisamente los académicos e intelectuales de esa Universidad los que proveyeron para el actual estatus. Como usted sabe, fueron profesores de Harvard quienes en 1899, luego de la invasión norteamericana a Puerto Rico, fraguaron la teoría esbozada en los Casos Insulares — la serie de decisiones tomadas por el Tribunal Supremo de Estados Unidos entre 1901 y 1922 que conforman el poder de la metrópolis sobre los territorios adquiridos en esa guerra.

Aún hoy los Casos Insulares predispuestos por Harvard apuntalan la condición colonial de Puerto Rico según ha confirmado ese tribunal en decisiones recientes. En adición, son los que sostienen la imposición por el Congreso de Estados Unidos de una junta de control fiscal con poderes de gobierno por sobre la Constitución de Puerto Rico y sus funcionarios electos

La integración de este laboratorio UPR/Harvard nos puede proveer un rigor sostenible ante la metrópolis y la comunidad internacional para la descolonización y libre determinación de los puertorriqueños.

Se abren muchos caminos hacia la descolonización y todos deben ser recorridos hasta que uno funcione. Lo que no debemos dudar es que los eventos se precipitan a velocidad casi exponencial y Puerto Rico necesita un mapa de ruta con premura.

La semana pasada vimos la posibilidad de que la comunidad internacional esté más receptiva que nunca antes a colaborar en el esfuerzo de descolonización.

Mientras tanto aquí, la asamblea constitucional de estatus que se ha propuesto es vista como un planteamiento parcial de los sectores anti anexionistas. Los anexionistas no están convencidos de que sus intereses estarían bien representados y defendidos en esa asamblea.

Este remedio tampoco ha sido adelantado por los centristas, que han optado repetidamente por posponer su adopción.

Los anticolonialistas, por su parte, no están organizados como tales y no han podido adelantar el recurso.

Ante ese impasse, la Universidad tiene el deber de intervenir.

La UPR recibe una buena porción del presupuesto nacional en virtud de su misión para transmitir e incrementar el saber, y para poner este conocimiento al servicio de la comunidad. Tiene la encomienda de servirle al país.

Qué mejor servicio que contribuir a solucionar el problema mayor.

La Universidad de Harvard coloca los laboratorios de ideas sobre política en manos de su Facultad de Derecho, cosa que bien podría usted hacer. Las facultades de derecho reclutan a su vez otras mentes respetables.

De hecho, hace un par de años Harvard reabrió la discusión de los Casos Insulares y convocó intelectuales y académicos puertorriqueños para la tarea.

Lo que debe estar clara es la directriz. Que nos provean las alternativas viables ya consultadas y validadas con las partes concernientes — metrópolis, sectores ideológicos, sociedad civil y comunidad internacional — y la vía procesal. Con ese trabajo adelantado, hacemos los planteamientos definitivos y definitorios en el foro o foros pertinentes.

Debe quedar claro además que este laboratorio debe rendirnos su servicio con la premura que amerita la precipitación de los acontecimientos.

Confío en que acoja esta petición con la misma buena voluntad y fe con que la hago.

Cordialmente,

*Wilda Rodríguez*

\* \* \*

Hubiese querido cuestionarlo en la misma carta sobre la infinidad de veces que la Universidad nos ha fallado en la misión de proveerle soluciones al país desde la academia. Podría citar el caso de la deuda pública. Soy de las que pienso que correspondía a la UPR juntar a sus mejores economistas y darnos luz sobre el tema.

Argumentan mis amigos que los niveles de politización en el país impiden que la Universidad haga ese trabajo y la tomen en serio. Esa auto censura no me convence. Ese argumento es precisamente el que ha permitido que gane la politización en la UPR, creo yo. Si lo hubiesen combatido con el conocimiento en lugar de actuar como despechados y acorazarse en su dignidad, los académicos le habrían hecho un favor al país. Fíjense con el respeto y el agradecimiento que se reciben las contribuciones individuales de los intelectuales que se han aventurado a participar del debate público. Luce López Baralt, Luis Rafael Sánchez, Ana Lydia Vega, Eduardo Lalo, Antonio Martorell y otros no le piden permiso a nadie para aportarle al país.

Una aportación convocada y organizada por la Universidad era lo que pedía en esa carta. Admito que lo hice desde la posición privilegiada de mi relación y confianza personal con el presidente de la UPR. Confianza que sacudió pocos días después la destitución de Uroyoán Walker Ramos como presidente de la UPR y que todavía me estremece.

Pero en el momento sirvió para recibir una respuesta inmediata del presidente de la UPR mediante llamada telefónica.

"¿Qué es lo que propones? ¿Cómo sugieres que procedamos? Me interesa. Vamos a reunirnos."

Le sugerí que reuniera al ex decano de la Escuela de Derecho Efrén Rivera Ramos y la decana actual Vivian Neptune para que lo asesoraran sobre el procedimiento específico.

"Dalo por hecho."

Qué poco me duro la contentura.

El empeño sí que me dura. Sigo pensando en que hay que colarse en Harvard desde la academia.

*31 marzo de 2014*

# EL INFORME DE LA GAO

Cayó lunes el 31 de marzo del año 2014 cuando la Oficina de Contraloría General de Estados Unidos (General Accounting Office — GAO) dejó caer su balde de agua fría desde la capital de la metrópolis: la estadidad plantearía, en su mejor escenario, un futuro económico incierto para Puerto Rico y una carga adicional para Estados Unidos. ¿Fue eso lo que dijo? No estoy tan segura.

Lo que sí está claro es que mes y medio después de haberse reiniciado la discusión de los Casos Insulares en Harvard, uno de los temas neurálgicos sobre el status de Puerto Rico es discutido y expuesto en un informe de la Oficina de Contraloría Federal.

Para estudiosos del anexionismo, las conclusiones de este informe pueden ser el fundamento de la teoría opuesta a la de que Estados Unidos nos quiera encaminar a la independencia: la teoría de que su propósito es incorporar a Puerto Rico como territorio en ruta hacia la estadidad.

Ambas hacen sentido. Ambas parten de la aniquilación del Estado Libre Asociado actual, cosa que ya todos hemos visto. Estados Unidos se ha ensañado con el ELA con truculencia y nadie parece saber por qué. Cualquiera que asuma una de las dos hipótesis que debatimos lo comprende muy bien.

Regresemos al informe de la GAO.

Se le solicitó a la GAO que analizara las posibles consecuencias fiscales que tendría para los programas federales la conversión de Puerto Rico en estado. En este informe se analizan los cambios potenciales a determinados programas federales, los cambios relacionados a gastos, y cambios relacionados a ciertas fuentes de ingresos federales que se pueden esperar si Puerto Rico se convirtiera en estado. Se analizan también los factores económicos y fiscales bajo la estatidad que podrían inducir cambios en gastos e ingresos.

Las conclusiones de la GAO fueron robóticas. Sin apasionamientos. Imparciales y asépticas. Pero muy claras para propósitos de la teoría que nos ocupa.

De los 29 programas federales analizados por la GAO (que representaron alrededor del 86 por ciento de los gastos federales para los estados o sus residentes en el 2010), probablemente se afectarían 11 programas si Puerto Rico se convirtiera en estado. En cuanto a otros tres programas, aunque la estadidad probablemente no los cambiaría, las determinaciones de elegibilidad para los mismos podrían verse afectadas indirectamente por los cambios que podrían producirse en los beneficios de otros programas. La estadidad probablemente no afectaría a los 15 programas restantes.

Las interpretaciones del informe fueron las sabrosas. El economista Jose I. Alameda Lozada fue posiblemente el que mejor resumió lo que por semanas se discutió en los medios de comunicación en Puerto Rico.

La estadidad es un mal negocio para Puerto Rico pues aniquila la capacidad industrial de Puerto Rico para convertirse aún más, en un estado asociado a los programas de bienestar de E.U. Es mal negocio para E.U. pues tendría que subsidiar mediante programas federales a más indigentes, pero que a la larga, no recibiría más impuestos de las corporaciones norteamericanas operando en Puerto Rico, pues "alzarían el vuelo" hacia otros lugares de menores tributos", y con ello, se evitaría pagar los impuestos federales.

Sigue diciendo Alameda Lozada:

El Informe del GAO, es un gran valor pues es un intento honesto por medir los efectos en la economía de Puerto Rico de: (a) el aumento de programas federales, y (b) la nueva carga de impuestos que supondría la estadidad sobre la industria, el comercio y los consumidores.

Queda claro con este informe además, que no existe una especie de "free —lunch", como pregonaban los panegiristas de la estadidad. La ecuación es sencilla, el efecto neto de la estadidad es:

Efecto Neto = Más programas de bienestar social = Más Impuestos

El ex gobernador Aníbal Acevedo Vilá, que está haciendo un esfuerzo por reivindicar sus cuatro años caóticos en la gobernación — y no siempre por su culpa — con aportaciones valiosas a la discusión política, hizo un buen análisis del informe de la GAO señalando que destruye dos de los grandes mitos sobre la estadidad.

Primero, que la estadidad es un modelo de desarrollo económico. El informe, desde sus premisas, su análisis y sus conclusiones, destruye esta aseveración. La estadidad no es un modelo de desarrollo económico. La estadidad es, simplemente, una forma de organizar política y gubernamentalmente una federación. Lo que hace la estadidad, y por ende el estudio analiza, es cómo se aplican las reglas de organización fiscal a un posible estado federado puertorriqueño.

...el segundo mito... que destruye este informe es que la aplicación de los programas federales y de las leyes contributivas federales significará una bonanza para Puerto Rico y los puertorriqueños. El informe concluye lo contrario. La imposición del sistema contributivo estadounidense, un sistema diseñado para la economía más poderosa y firme del mundo, a una economía pobre y en desarrollo como la de Puerto Rico, tendrá el efecto de destruir nuestra economía.

Traigo lo dicho por AAV porque viene al caso precisamente con una nueva aportación suya tan reciente como el 13 de julio con la que coincido aunque por razones diferentes.

Cuidado con lo que pides que puede que te lo den, es un dicho que repito cada vez que me dicen que Estados Unidos no le daría nunca la estadidad a Puerto Rico.

Mas adelante expongo mis razones. Primero, las de AAV.

Que la estadidad es mala para Puerto Rico y para Estados Unidos es algo de lo que estoy convencido y estoy dispuesto a argumentarlo en cualquier foro aquí y allá. Pero en la vida, hacer una estrategia para lograr lo que yo quiero, basada en lo que la otra parte haría, es una invitación a un salto al vacío porque mi verdad, necesariamente, no es tu verdad.

Además, lo más lamentable de esta estrategia es que, tal vez inconscientemente, parte de la visión del colonizado. El racional implícito es: yo sé que la estadidad es mala para Estados Unidos y Puerto Rico, pero si yo llegué a esa conclusión, el americano, que es tan inteligente e infalible, va a tener que llegar a esa misma conclusión. En otras palabras, la premisa es que es imposible que Estados Unidos se equivoque.

Pero la historia nos demuestra todo lo contrario. Ahí está la guerra de Vietnam y más reciente la guerra de Irak, la inestabilidad en Libia y el desastre que vive Siria. Cualquier análisis racional de lo que llevó a cada uno de esos eventos confirma que tales intervenciones eran malas para Estados Unidos, pero actuando bajo premisas equivocadas y/o intenciones particulares, es obvio que Estados Unidos se equivocó, costándole muchas vidas de ciudadanos americanos (incluyendo puertorriqueños) y el desprestigio internacional.

Son racionales los argumentos del ex gobernador.

Los míos son más silvestres. Experiencia personal.

Hace años — en los ochenta — el reverendo Jesse Jackson me hizo una pregunta que de momento me molestó: *Wilma* (siempre me dice Wilma a pesar de años de amistad) *¿por qué ustedes no quieren la estadidad si es lo que nos conviene a todos?*

El reverendo, como muchos líderes afroamericanos que conocen a Puerto Rico primero desde la diáspora, piensan que a Puerto Rico se le ha escatimado la estadidad como se le ha escatimado a la población mayormente afroamericana de Washington, D.C. Lo ven como una lucha de derechos civiles, cosa de la que difiero como verán más adelante en una columna que reproduzco bajo el título *Los engaños*.

Piensan además mis amigos afroamericanos que la integración de Puerto Rico como estado aumenta la fuerza de las minorías en Estados Unidos.

No todos los afroamericanos nos quieren, que quede claro. Pero los líderes con los que trabajé hombro con hombro por muchos años sí nos distinguen, nos respetan y están dispuestos a dar con nosotros la batalla por lo que queramos. Lo demostraron en Vieques.

Aún así, a muchos les gustaría que Puerto Rico fuera estado para que nos integrarnos de lleno a otras luchas reivindicadoras en Estados Unidos.

Sé que muchos judíos de izquierda, anglosajones de izquierda y sindicalistas de izquierda piensan igual aunque no se atreven expresarlo en voz alta.

Es más, algo me dice que esa sería la posición de Bernie Sanders, por ejemplo. Y de otros muchos congresistas liberales.

Por eso es que nunca he creído en aceptar a rajatablas la hipótesis de que si solicitamos la estadidad no nos la van a dar. Por eso es que hay que considerar en serio la teoría de que un sector importante de los poderes que son estén a favor de integrar el territorio previo a convertir a Puerto Rico en un estado.

* * *

¿Por qué es entonces importante traer el informe de la GAO a esta discusión ahora?

Porque si partimos del informe de la GAO es posible concluir que la Junta de Control Fiscal tenga entre sus planes implantar el sistema de contribuciones federales en un período digamos de veinte años, como preámbulo y condición a la incorporación del territorio de Puerto Rico a Estados Unidos.

Esto no es tan descabellado como el sector independentista quisiera. De hecho, con todo y lo contradictorio que parece el lenguaje de la plataforma con que Hillary Clinton y el Partido Demócrata van a las próximas elecciones, lo que se desprende claro es la intención — aunque solo sea de la boca para afuera — de incorporar a Puerto Rico de alguna manera al sistema americano de manera más fehaciente.

El escollo mayor a la estadidad para Puerto Rico sigue siendo pues el Partido Republicano que con las muelas de atrás coloca la estadidad para Puerto Rico en su plataforma nuevamente, como lo viene haciendo por años. Pero le deja claro a los puertorriqueños republicanos que ese status no está disponible.

Su anuencia a la Junta de Control Fiscal, sin embargo, me lleva a pensar que la labor de persuasión real para apoyar la estadidad para Puerto Rico no está en manos de los republicanos puertorriqueños como Luis Fortuño y Jennifer González. Está en manos de los intereses económicos. La intención de esos intereses es la que no está muy clara todavía.

La pregunta es si al capitalismo le conviene más un Puerto Rico como república o un Puerto Rico como estado de la unión. Esa respuesta se la tienen bien pero que bien guardada, o todavía la están discutiendo. Lo que les ha convenido hasta ahora y si pudieran sostendrían, es la colonia permanente.

Abonando sin embargo a la teoría de que hay un sector proponiendo y preparando la incorporación del territorio de Puerto Rico, para 1998 ya la misma GAO había señalado que la igualdad en fondos federales estaba ligada al pago de contribuciones federales.

Eso está también evidente en el informe del 2014 y Alameda Lozada lo resume muy bien:

Por lo tanto, este informe dice que el Congreso pudiera imponer el pago de impuestos a los ciudadanos americanos que residen bonafide en Puerto Rico, y con esto, se financiarían la totalidad de los fondos asignados para los programas federales.

*27 de junio de 2016*[2]

# LOS ENGAÑOS

La estadidad no es un derecho. Pedirla como un reclamo de igualdad puede ser una estrategia ingeniosa de los anexionistas, pero no la convierte en derecho.

La integración como un estado de una unión de estados es una franquicia política que tiene que ser conferida por la corporación política. No hay Plan Tennessee que valga si la corporación no quiere conferir la franquicia, porque la estadidad no es un derecho.

La corporación ha dicho repetidamente que no se propone concederla. Decirle lo contrario a los puertorriqueños equivale al mismo engaño del pacto bilateral del estado libre asociado que nunca existió.

La libertad sí es un derecho. El esclavo exige su libertad. No le pide al amo un cuarto en la casa grande y un cubierto en la mesa como sustituto a su libertad. Los negros en Estados Unidos procuraron su libertad antes de luchar por su igualdad.

No podemos reclamar un movimiento de derechos civiles saltándonos el derecho fundamental a la libertad. No es hasta que seamos libres que podemos aspirar a ser iguales.

---

[2] Columna publicada en *El Nuevo Día*.

Por eso es que hasta para la estadidad, el derecho internacional exige que Puerto Rico adquiera primero su soberanía y entonces opte por un status jurídico y político reconocido.

El argumento de que ya los puertorriqueños tienen la ciudadanía y lo que estarían reclamando es la igualdad con los ciudadanos del norte, lo neutraliza su propia definición. Los puertorriqueños que residimos en Puerto Rico no tenemos la ciudadanía que muchos atesoran.

Tenemos un pasaporte, carnet para morir en guerras que no escogemos, fondos federales racionados que nos sacan en cara a la menor provocación, e inversiones para producirle ganancias multiplicadas al capitalismo de una nación interventora.

Una ciudadanía plena equivale a ser propietario de un poder público y estable para participar en igualdad de condiciones a tus pares del poder político decisional en la nación de que se es parte.

Si residimos en uno de los estados podemos ejercer el título propietario. La mayoría de los puertorriqueños en los estados opta voluntariamente por no hacerlo. No participa del poder político porque no les convence que su voto sirva de algo. La ciudadanía no les da acceso al sueño americano y la prosperidad como se les ofrece. Uno de cada cuatro de los puertorriqueños que residen en los estados vive bajo el nivel de pobreza.

La ciudadanía estadounidense en Puerto Rico equivaldría a estar representados en el congreso de Estados Unidos y poder votar en todos los comicios federales. Esa no la hemos tenido nunca. Esa ciudadanía la confiere la anexión, pero no es un derecho que se reclama porque "nos la deben". De que nos deben nos deben, pero no nos van a pagar con la estadidad. Ese es el engaño de los anexionistas.

Del otro lado tenemos a los estadolibristas tratando de vender una soberanía con unión permanente y ciudadanía americana. Plantean otro pacto como el de 1952 que nunca existió. Un nuevo ejercicio en deshonestidad intelectual.

Unión permanente y ciudadanía americana solo los provee la estadidad y ellos lo saben. Una colonia no establece pactos bilaterales con su metrópolis y ellos lo saben. Los pactos bilaterales se firman entre naciones soberanas.

Nunca hemos tenido tampoco común moneda, mercado y defensa. Tenemos la moneda, el mercado y la defensa impuesta por el imperio.

Si dejamos a un lado los engaños con los que se manipula la ignorancia popular, queda claro que la única opción decorosa es la libertad y la independencia para una determinación verdaderamente soberana sobre si queremos la anexión, la independencia permanente o un pacto bilateral con Estados Unidos.

Ser ignorante no es indigno ni permanente. Tampoco implica falta de inteligencia. Nuestro pueblo, como muchos, tiene una masa ignorante manipulable. Esa masa comienza a intuir los engaños.

*8 de febrero de 2016*[3]

# EL OTRO *BLUFF*

Nuestra ciudadanía americana es otro *bluff*.

Lo que tenemos es un facsímil irrazonable. Un embeleco para el libro de texto de una historia tergiversada al antojo de un partido político diseñado por la metrópolis para representar sus intereses coloniales.

El libro de texto que documenta un pacto de Puerto Rico con Estados Unidos que nunca existió como bien nos aclara la Administración Obama, nos habla de esta ciudadanía rarita que tenemos. Pacto y ciudadanía: las dos patas de un mismo ganso.

Por eso en el mundo alucinante de los colonialistas el status se reduce ahora a tener o no tener una ciudadanía que nunca hemos tenido con pelos y señales. Y encima hay que atesorarla.

¿Qué atesoramos? ¿El librito azul con nuestra foto? ¿El derecho a volar a Nueva York o Florida sin pasar por aduana? ¿Ser carne de cañón? ¿Los fondos federales que nos regatean? ¿Nuestro Spanglish? ¿La ilusión de algún día ser blancos de ojos azules?

---

[3] Columna publicada en *El Nuevo Día*.

¿Sabemos en serio de qué se trata el ideario de ser ciudadano de Estados Unidos de Norteamérica o de cualquier nación?

El concepto ciudadanía desde Aristóteles tiene un significado claro a pesar de sus variables históricas. Se trata de la pertenencia de un individuo como miembro de una comunidad organizada. En su relación con esa comunidad tiene deberes y derechos mas allá de pagar contribuciones y recibir beneficios, en lo que hay un déficit evidente.

El deber fundamental es la lealtad hacia esa comunidad. Y el derecho fundamental es ser titular (propietario) de un poder público dentro de esa comunidad para participar en el poder colectivo de decisión, en el poder político. Hay otra palabrita que se usa mucho al explicar el concepto y esa es "estable". La participación en el poder político de un ciudadano en su comunidad tiene que ser estable.

Visto de esa manera, nunca hemos sido ciudadanos de USA excepto cuando nos mudamos a un estado, y eso si nos convertimos en participantes activos del poder de decisión colectiva o poder político de ese estado. Si regresamos, volvemos a ser los paisanos raritos de una colonia con una ciudadanía impuesta y condicionada.

Por lo tanto, nuestra aspiración a ser ciudadanos bona fide de USA sería nueva de paquete. Los que aspiran a una ciudadanía bona fide, permanente y hereditaria de USA aspiran a ser estado de USA. No hay de otra.

La única razón para la concesión de ciudadanía a medias en el 1917 fue la necesidad de nuestra participación en las guerras de USA. La única razón para mantener lo que todos en una u otra medida reconocemos como ciudadanía de segunda clase, sin derecho alguno a equidad con los ciudadanos bona fide, es no resolver el status.

Ahora que Obama ha sido tan decente como para decirnos la verdad respecto al pacto que no es pacto, debería tener la misma decencia para decirnos la verdad sobre la ciudadanía que no es ciudadanía.

Posiblemente los colonialistas envíen a otro abogado a Washington para pedirles que se tranquilicen, que no nos interesa una ciudadanía con letra mayúscula.

¿Quieren saber algo más? Los americanos no confían en nuestra lealtad por más que cientos de miles de puertorriqueños hayan peleado sus guerras. Pedro Albizu Campos fue teniente del US Army. Todavía en las calles les llamamos gringos, nos referimos a "el americano" y a la hora de la verdad siempre ellos son ellos y nosotros somos nosotros. Ellos lo saben.

Así pues, en lugar de estar atesorando una ciudadanía que nos elude, deberíamos estar definiendo la que nos pertenece por derecho propio. A lo mejor acaba sentándonos mejor a todos.

Después de todo, más del 95% de la población mundial tampoco tiene ciudadanía americana.

*25 de julio de 2016*[4]

# EL JÍBARO EN TENIS PUMA

Hoy se refugian los estadolibristas en el batey de Luis Muñoz Marín e Inés Mendoza. Sería conmovedor si no fuera dantesco. No van a abrazarse y llorar juntos el caos y el fracaso. Van a tratar de hacerle un nuevo círculo al infierno.

Habrán resabios de esplendor para quienes todavía quieren ver en el estado libre asociado — el que sea — la cura mágica para un pueblo en la miseria. Se darán palmaditas en la espalda y se repetirán como un mantra que el ELA que tenemos funcionó mientras duró y ahora hay que buscar una fórmula parecida que vuelva a funcionar.

No. No funcionó. Para el país no funcionó. Nos adoctrinaron en sus virtudes, pero el resultado ha sido el mismo que las mentes más esclarecidas del país presagiaron. Un fracaso estrepitoso.

Teníamos un pueblo pobre que tenía valores. Nos entregan un pueblo pobre que tiene precio. Los zapatos de los jíbaros nos han salido demasiado caros. Nos calzaron los pies pero nos tumbaron la cabeza.

---

[4] Columna publicada en *El Nuevo Día*.

Ahora tenemos un país deseducado, deformado, desenfocado, quebrado. Tanto que ni se percata ni entiende la magnitud de su crisis. Tanto que espera un milagro con una sonrisa y una cerveza fría en la mano.

A eso es precisamente lo que apuestan los que se congregan hoy en el batey de don Luis y doña Inés. A que habrá manera de venderle otra entelequia al jíbaro en tenis Puma.

Que sepan los congregados que la hipótesis del engaño tampoco les funciona. Estados Unidos no engañó a nadie. Su estrategia fue siempre demasiado obvia. Eras su cómplice o eras bruto. Y no creo que de lo último pecaran los próceres del Partido Popular Democrático.

Tampoco pueden ampararse en que la corrupción de una clase política descastada les estropeó el proyecto. Esa clase política es la de ustedes. El otro partido colonialista lo único que hizo fue degenerar en métodos de corrupción hasta que ambos alcanzaron juntos la decadencia.

El resultado para el país sigue siendo el mismo que anticiparon los que nunca dejaron de disentir y resistir. La colonia reventó.

Hoy se refugian en el batey a sabiendas de que están diezmados y desprestigiados. Disimularán porque de eso depende que lleguen a las elecciones de noviembre con un partido y un status a imagen y semejanza del primero, pero que parezca otra cosa. No tienen valor ni ingenio para otra cosa.

Van por otro partido cuyo norte es administrar la colonia por encima de la definición ideológica, "...anteponer la recuperación fiscal y económica del país a los asuntos pura-

mente ideológicos y particularmente a los prejuicios políticos". Ujú, diría algún jíbaro hasta descalzo.

La fórmula para el partido es atraer electores de todas las ideologías bajo el embuste de que la crisis fiscal del país no es un problema de status y que lo que hay que poner en marcha es un nuevo plan fiscal. No se preocupen. Quien viene a administrar la colonia es la metrópolis y ya tiene su propio plan.

La fórmula para el status es unir soberanistas y autonomistas bajo el otro embuste de que se puede tener unión permanente y ciudadanía americana sin ser colonia o estado.

Ese es el nuevo ideario que no es nuevo ni es ideario. ¿Qué tiene de nuevo que para ustedes el status no esté en issue, que el PPD no sea un partido ideológico y que su norte sea combatir la miseria que nos cunde? Es la misma vieja farsa. Y lo saben. Van a mentir de nuevo adrede.

Hoy, mientras los fantasma de Luis e Inés se mecen en sus sillones en el bohío, hónrenlos meditando que realmente no tienen nada nuevo que ofrecerle al país. Lloren. Es lo que procede. Los espíritus se lo agradecerán.

*23 de diciembre de 2015*

# EL DÍA QUE LE ESTROPEARON LAS NAVIDADES AL ELA

En por qué la Administración Obama decidió intervenir ante el Tribunal Supremo para poner al Estado Libre Asociado en su sitio, nadie acierta a ponerse de acuerdo.

Lo cierto es que el 23 de diciembre de 2015 a los estadolibristas se les aguaron las Navidades cuando leyeron en la prensa lo que había hecho el Procurador General de los Estados Unidos, Donald B. Verrelli Jr.

La Administración Obama acudía como *amicus curiae*, amigo de la corte, ante el Tribunal Supremo, SCOTUS por sus siglas en inglés, aduciendo el interés del ejecutivo federal en el caso Puerto Rico v. Sánchez Valle.

> This case presents the question whether Puerto Rico and the United States are separate sovereigns for purposes of the Double Jeopardy Clause. The Court's decision will affect how the federal government en — forces federal criminal laws within Puerto Rico. It also may affect the federal government's defense of federal legislation and policies related to Puerto Rico across a broad range of substantive areas, including congressional representation, federal benefits, federal income taxes, bankruptcy, and defense. Accordingly, the United States has a substantial interest in this case.

Los estadolibristas han querido interpretar que SCOTUS no le dio un golpe mortal a la Constitución del ELA y a la presumida autonomía de Puerto Rico en su decisión sobre Puerto Rico v. Sánchez Valle. Nada más evidente que esta expresión de la rama ejecutiva para sostener la teoría de que Estados Unidos busca siempre legitimar sus acciones en el Tribunal Supremo. Lo que fuera a decidir el Tribunal Supremo en junio, ya estaba predicado en que sería una decisión a incidir en las acciones del Ejecutivo y el Congreso.

O sea, son americanos y se entienden.

Cuando Verelli plantea el deseo de ser escuchado por SCOTUS hace claro que lo que se determine puede afectar la forma en que se manejan la legislación en el Congreso y las políticas federales relacionadas a Puerto Rico en otras áreas "sustantivas", incluyendo representación congresional, beneficios federales, impuestos federales, quiebras y la defensa.

Entonces explotó la bomba:

> ...as a constitutional matter, Puerto Rico remains a territory subject to Congress's authority under the Territory Clause.

> Puerto Rico and the United States are not separate sovereigns for purposes of the Double Jeopardy Clause.

> The events of 1950—1952 did not transform Puerto Rico into a sovereign. Before 1950, Congress had progressively authorized self—government in Puerto Rico. As a further step, in 1950 Congress permitted the people of Puerto Ri-

co to adopt a constitution, which Congress approved with revisions in 1952.

Those events were of profound significance for the relationship between the United States and Puerto Rico, but they did not alter Puerto Rico's constitution— al status as a U.S. territory. The United States did not cede its sovereignty over Puerto Rico by admitting it as a State or granting it independence. Rather, Congress authorized Puerto Rico to exercise governance over local affairs. That arrangement can be revised by Congress, and federal and Puerto Rico officials understood that Puerto Rico's adoption of a constitution did not change its constitutional status. The ultimate source of sovereign power in Puerto Rico thus remains the United States.

Aunque Puerto Rico ejerce autoridad local significativa sobre sus asuntos públicos sigue siendo un territorio no incorporado sujeto a los poderes del Congreso. Puerto Rico no es una jurisdicción separada de la federal porque es un territorio sin soberanía.

La Administración Obama asestó así un duro golpe al argumento de que cuando la isla aprobó su constitución en 1952, hubo un cambio en la relación con los Estados Unidos y se firmó un pacto por el que Puerto Rico se convirtió en una entidad autónoma.

Ahora se entera de que la designación de la isla como un Estado Libre Asociado no cambió su estatus constitucional. El término Estado Libre Asociado fue escogido por el pueblo de Puerto Rico para reflejar los poderes de gobierno propio y "capturar la relación especial con los Estaos Unidos" pero el

ELA no es una condición de independiente soberano, dejó claro el Procurador.

Y fue más lejos en su humillación al ELA al mencionar la soberanía de las tribus indígenas de Estados Unidos, los verdaderos nacionales que prácticamente han sido encapsulados en reservaciones pero a la luz de la ley, son naciones soberanas. Las tribus indígenas ya tenían su propio estado soberano como naciones indias antes de que el gobierno de Estados Unidos las tomara "para su propia protección", y siguen siendo soberanas, dijo Verrelli. Pero la Constitución de los Estados Unidos no contempla territorios soberanos. Obviamente sí contempla la generosidad de actuar sobre ellos "para su propia protección".

En su alocución ante el Supremo, Verrelli no mencionó ni una sola vez que ante la comunidad internacional Estados Unidos representó en 1953 que Puerto Rico era una entidad autónoma.

Si la teoría sobre la conspiración fraguada para recolonizar a Puerto Rico con la Junta de Control Fiscal es correcta, hubo también conspiradores en la colonia que elevaron los casos ante el Supremo Federal para que este se pronunciara y legitimara las acciones del Ejecutivo y el Legislativo. A sabiendas o no. Siempre hay maneras de llevar las ovejas al corral.

*30 de diciembre de 2015*

# GOLPEADO RHC

El miércoles 30 de diciembre de 2015, Rafael Hernández Colón llegó con el moco caído al Partido Popular Democrático. La alegoría se sostiene en la imagen publicitaria de RHC por años como el "gallito que no se juye". El gallo llegó con el moco caído.

Lo disimuló bien cuando anunció con la parsimonia fría del abogado su temor de que SCOTUS le fallara en contra al ELA en Puerto Rico v. Sánchez Valle.

Si eso pasaba, dijo, habría que reconocer que algunos en aquel grupo habían tenido razón y el Partido Popular Democrático se tendría que mover rápido a adoptar una nueva posición contundente sobre el status.

El "grupo" era la Junta de Gobierno del PPD que se reunía para el cambio de mando de Alejandro García Padilla a David Bernier a raíz de la renuncia del primero como candidato a la reelección a la gobernación por el PPD. Sin duda, con "algunos" en aquel grupo, RHC se refería a los soberanistas que habían pronosticado repetidamente la defunción del ELA.

Desde el 23 de diciembre, cuando el Procurador General de los Estados Unidos, Donald B. Verrelli Jr. arremetió contra el ELA, el más golpeado era Hernández Colón. Su posición de que el asunto del status de Puerto Rico era materia judicial y

se dirimiría no en la arena política sino en el Tribunal Supremo de Estados Unidos.

Sospechó desde su experiencia legal que SCOTUS revertiría el status de Puerto Rico a lo que fue en principio: un territorio no incorporado bajo los poderes absolutos del Congreso.

El rostro mas demudado en la reunión aquel miércoles fue el del propio hijo de RHC, José Alfredo Hernández Mayoral, quien había sido la punta de lanza de la hipótesis del ELA de su padre como un asunto judicial, no congresional.

Los Hernández son de la escuela legal americana en ese sentido. Los tribunales son la última parada y deben ser los que legitiman legalmente lo político. Esa mentalidad los coloca conveniente y privilegiadamente por encima del ciudadano de a pie por ser interlocutores en el sistema judicial. De ahí que subestiman y hasta menosprecian la lectura secular de los textos legales.

Cuánto tardarían en estudiar e interpretar a su favor el fallo del Supremo en Sánchez Valle fue la pregunta que hice como ciudadana de a pie a mis contactos dentro de la Junta de Gobierno del PPD esa noche. Varias semanas. La decisión del Supremo bajo el 9 de junio de 2016 y ya para el 25 de julio Rafael Hernández Colón tenía formulada la nueva teoría de que en Puerto Rico v. Sánchez Valle el Supremo reconocía el gobierno propio establecido para Puerto Rico en 1952 y un nivel de soberanía. Hizo una de sus esporádicas apariciones radiales en la emisora WKAQ para explicarlo.

Entre ambas situaciones hubo un poco de confusión con declaraciones de Hernández Colón un domingo que parecían desviar la atención del foro judicial para dirigir los esfuerzos de su partido hacia la Organización de las Naciones Unidas para resolver el asunto del status de Puerto Rico. ¿Un foro que había menospreciado para ampararse en el judicial es el que ahora concebía como ideal para encaminar la definición del status?

Hubo quienes recibieron estas declaraciones con mucha esperanza en la posibilidad de que el ex gobernador se integrara a la lucha por la descolonización.

En ese momento recordé cuando ante un revés electoral que no se esperaba, en la madrugada del 5 de noviembre de 1980 un enardecido Hernández Colón llamó "a las trincheras de lucha" a los seguidores del PPD. Su reacción visceral a lo que muchos insisten todavía fue un robo eleccionario de Carlos Romero Barceló, fue de incredulidad y rabia.

"Ese llamado fue... a las dulces trincheras de la democracia", explicaría sobre su exabrupto años después.

¿Se atrincheraría ahora en la comunidad internacional cuando le fallaba el Tribunal Supremo de Estados Unidos? Los años le han dado prudencia. También le dicen que es una postura digna de hombre de estado quedar ante la historia en el umbral de la ONU. Hernández Colón tiene ochenta años.

No está tampoco en edad para claudicar su doctrina política. La historia es implacable. De ahí el dulce compromiso con la decisión del Supremo Federal. Aunque insiste en que le da la razón, no se propone probarlo.

\* \* \*

Hernández Colón no es un personaje cualquiera en esta ecuación. A sus ochenta años de edad sigue siendo un político formidable y complicado que en más de una ocasión ha desconcertado al país y le divierte hacerlo sin pedir permiso ni excusas. Siempre se ha creído con derecho a ser Rafael Hernández Colón, una mente privilegiada no siempre comprendida.

Nadie olvida el 3 de noviembre de 1988 cuando luego de haberse negado a debatir públicamente sobre el tema del status con su contrincante a la gobernación Baltasar Corrada del Río, se le presentó cuando ya este había empezado un monólogo y ocupó el podio vacío que le estaba destinado. Le rompió el paso a Corrada con su entrada inesperada para luego arrebatarle el momentum con un "Eche pa' lante, sin miedo" que acabó de desencajar a su oponente.

El presidente cubano Fidel Castro reconoció la capacidad política de RHC con una pregunta que a puertorriqueños de la izquierda que tenían el privilegio de visitarlo en La Habana dejó boquiabiertos más de una vez: ¿Cómo está Rafael Hernández Colón? Siempre dejaba pensando al visitante si realmente le importaba.

Sostiene una relación personal con el ex embajador cubano ante la ONU Ricardo Alarcón que me lleva a preguntarme cuánto habrá del pensamiento de Alarcón en la nueva posición de Hernández Colón respecto a la comunidad internacional. El diplomático cubano y Hernández Colón se vieron al menos dos veces durante la reciente visita de este a Puerto Rico.

Durante su visita al país, Alarcón fue muy elocuente en lo oportuno del foro internacional para continuar la lucha por la descolonización de Puerto Rico. Puerto Rico, dijo, tiene más adeptos a su causa en la comunidad internacional que nunca antes.

Alarcón es uno de los diplomáticos más sazonados de América Latina y sus argumentos se sostienen en historia concreta. Hernández Colón lo tiene que haber escuchado con atención.

\* \* \*

Repito que Hernández Colón no es un personaje cualquiera en el dilema de Puerto Rico hoy. Fue el gobernante —el más joven a los 36 años— que emprendió la fatal ruta de endeudamiento público a principio de la década del setenta y fue también el primer líder político de su partido que intentó darle coherencia a un ELA "culminado" en el famoso pronunciamiento de Aguas Buenas de 1970.

En ninguna de ambas instancias ha admitido error ni fracaso. Por el contrario, sigue siendo su propio apologista más ferviente. Ha vivido para ver la quiebra del país y de su partido sin sentirse culpable, que sepamos.

Gobernó la colonia por tres términos (1973—1976 y 1985—1993). Llegó a La Fortaleza en medio de una recesión económica terrible propiciada por el aumento en los precios mundiales del petróleo y la política anti inflacionaria de Estados Unidos. En su primer término añadió casi $3 mil millones a la deuda pública de Puerto Rico, que hoy equivaldría a unos $14 mil millones. Los economistas coinciden que su primera administración marca el principio del descalabro fiscal. No siguió las recomendaciones de ahorro público que se le hicieron en el momento. Por el contrario marcó la ruta de la economía artificial y el despilfarro que nos ha traído hasta aquí.

RHC obviamente estaba consciente de la situación que comenzaba a enfrentar la isla cuando le pidió al economista keynesiano estadounidense James Tobin, que llegó a ser Premio Nobel de Economía en 1985, que estudiara las finanzas de Puerto Rico. En 1975 Tobin sometió un informe excepcional en su diagnóstico y su receta que sigue tan vigente como entonces.

Puerto Rico tiene por delante varios años de austeridad fiscal, financiera y económica. Se requieren ajustes drásticos, especialmente dolorosos,… Tienen que hacerse. La única incógnita es si se van a hacer en forma sincronizada, ordenada y equitativa, o si se difieren hasta que las exigencias de una crisis financiera nos obliguen a hacerlo con prisa.

Ya en 1975 Tobin advirtió que la deuda de Puerto Rico no podía seguir creciendo y que el gobierno se había metido en un serio aprieto financiero del que le sería difícil salir.

Ya para entonces propuso la limitación de los gastos del gobierno, congelación de sueldos, aumentos en las contribuciones pero no sobre el crédito del consumidor, mercadeo responsable de los bonos e inversión generadora de empleos.

Hernández Colón no le hizo caso a Tobin.

En cuanto a su legado político, RHC se ha mantenido como ideólogo férreo del ELA como una autonomía.

En el Pronunciamiento de Aguas Buenas en 1970 el PPD reconoció bajo su tutela las limitaciones de ese status y propuso su desarrollo con un lenguaje que todavía se debate y se sostiene en principios de autonomía que muchos quisieron interpretar como principios de soberanía: *...el PPD defiende el ideal autonómico, esto es, el pleno gobierno propio, fundado en la libre asociación con los Estados Unidos que permite y propicia la afirmación de la personalidad cultural del país y el desarrollo sostenido de su progreso social y material.*

Sin apasionamientos, habría que admitir que Hernández Colón defiende su consistencia. Nunca ha sido soberanista, es autonomista.

Ese vuelve a ser el debate interno dentro del PPD a la altura del 2016.

Los soberanistas — *las plumitas liberales* — versus los autonomistas — *los colonialistas.*

(El desquite contra el término vejatorio de *plumitas liberales* había sido encajonar a los rafaelistas en el hiriente *colonialistas.*)

El nuevo debate nos revierte al que interrumpió la invasión norteamericana el 25 de julio de 1898 apenas a ocho meses de habérsele concedido a Puerto Rico la carta autonómica.

Ni entonces ni ahora la autonomía y la soberanía han sido sinónimos. La autonomía supone un grado de gobierno pro-

pio concedido bajo el marco de la soberanía de otra nación, de un estado mayor. Es un estado territorial y colonial que presume de gobernar aspectos internos que le permite la metrópolis. Siempre existe un estado de subordinación a la soberanía del estado mayor.

La soberanía supone gobierno propio desde el cual se pueden pactar acuerdos de igual a igual con otro país. La autonomía propone que la democracia es más importante que la soberanía y hasta que la misma libertad.

El debate entre ambos términos siempre ha sido innecesario. Lo fue para el siglo 19 bajo España y lo sigue siendo en el siglo 21 bajo Estados Unidos.

Se trata de la patología del coloniaje.

*9 de junio de 2016*

# PUERTO RICO V. SÁNCHEZ VALLE

Put simply, Congress conferred the authority to create the Puerto Rico Constitution, which in turn confers the authority to bring criminal charges. That makes Congress the original source of power for Puerto Rico's prosecutors— as it is for the Federal Government's. The island's Constitution, significant though it is, does not break the chain.

Cataplún.

Con esa sencilla conclusión la juez Elena Kagan resumió el fallo del Tribunal Supremo el jueves 9 de junio de 2016, el más importante sobre Puerto Rico desde la racha de los Casos Insulares de principios de siglo. Se confirma que Puerto Rico no posee soberanía independiente del Congreso.

Fiel a su empeño de que los tribunales le validen lo político, el Congreso procedió entonces a aprobar la Junta de Control Fiscal, seguro de que no sería retado ante los tribunales.

Fiel a su posición como poder judicial del imperio, el Tribunal Supremo se abstiene de resolver lo político. Se abstuvo de resolver el status de Puerto Rico como han pretendido algunos juristas puertorriqueños. Eso, les dijo el Supremo Federal, sigue siento un asunto político en manos del Congreso.

Aunque los apologistas del "pacto de 1952" se amarren al cuerpo discursivo del fallo y la opinión disidente del Juez Stephen Breyer suscrita por la juez Sonia Sotomayor, la decisión sencillamente indica que Puerto Rico no posee soberanía independiente al Congreso federal, que el gobierno autónomo constitucional parcial concedido a la colonia en 1952 no altera la soberanía del Congreso.

La opinión mayoritaria del Supremo federal, emitida por la Hon. Elena Kagan, en esencia dispone dos cosas: (1) que Puerto Rico no posee soberanía independiente al Congreso federal para poder acusar criminalmente; y (2) que el desarrollo democrático de 1952 no alteró ese hecho aunque las peculiaridades del territorio sean únicas y sn paralelo en la historia de Estados Unidos".

Las implicaciones de esta decisión sobre el debate político, jurídico y constitucional de las relaciones entre Estados Unidos y Puerto Rico son el fundamento preciso para la Junta de Control Fiscal.

Lo curioso de todo esto es que un caso tan incoloro como el del señor Luis M. Sánchez Valle nos haya llevado a la definición del status de Puerto Rico.

Sánchez Valle fue hallado culpable en el foro federal de portación y venta ilegal de un arma y sus municiones. Se le condenó a cinco meses de prisión, cinco meses de restricción domiciliaria y tres años de libertad supervisada. Entonces se solicitó la desestimación de cargos por los mismos delitos en el Tribunal de Carolina. El Tribunal Supremo local decide que Puerto Rico no tiene una soberanía separada de Estados

Unidos y que el enjuiciamiento de Sánchez Valle en Carolina sería un caso de doble exposición que prohíbe la Constitución de Estados Unidos. El gobierno de Puerto Rico decide elevar esa decisión al Tribunal Supremo Federal.

¿Por qué escoge el gobierno de Puerto Rico llevar este caso tan insignificante hasta las últimas consecuencias a sabiendas de las repercusiones que tendría una decisión del Supremo Federal sobre el tema de la soberanía?

Nadie pone en duda que el Secretario de Justicia César Miranda supiera a lo que se atenía. Miranda es un viejo zorro político y hace tiempo se alineó con el sector soberanista de su partido. Su insistencia en este caso, sin embargo, no parece haber sido parte de una agenda política personal. Tiene que haber contado con el aval tanto de la Administración como de su partido.

La pregunta es válida: la acción de retar la soberanía del ELA ante el Supremo Federal, ¿fue su idea o Washington escribió el libreto?

Lo cierto es que el fallo apuntaló la ley que crea la Junta de Control Fiscal — PROMESA. Y aunque el liderato autonomista del PPD insiste ahora en que el Supremo no invalida el gobierno propio de Puerto Rico, no ha retado ni se propone retar PROMESA.

*25 de noviembre de 1897*

# LA CARTA AUTONÓMICA

Duró poco más de ocho meses. Tenía setenta y cinco artículos — setenta propios, tres adicionales y dos transitorios. La firmó la reina regente María Cristina y el Presidente del Consejo de Ministros de España Práxedes Mateo Sagasta.

Es un documento minucioso en el que se le concedía un gobierno propio a Puerto Rico al amparo de la corona. Una autonomía concedida que se repetiría con la Constitución de 1952 al amparo del imperio estadounidense.

Ninguno de los dos documentos han representado soberanía de clase alguna para Puerto Rico. La autonomía es un estado colonial. Es la concesión de algunas competencias a una entidad territorial tal y como la Ley de Municipios Autónomos las concede a Ponce, a Caguas o a San Juan.

Es lo que reconoce el Tribunal Supremo Federal a Puerto Rico — una especie de gobierno municipal sujeto al marco de un gobierno mayor, el del Congreso de Estados Unidos.

Para fines del siglo 19 también habían dos partidos coloniales sancionados por el imperio —Partido Conservador y Partido Liberal Reformista— como ahora los hay —Partido Nuevo Progresista y Partido Popular Democrático. Partidos reformistas coloniales, no soberanistas ni separatistas.

Volver a la discusión del autonomismo en Puerto Rico es un *deja vu* alucinante. Esto es sin embargo lo que se plantea de nuevo al interior del PPD. Una discusión innecesaria sobre términos que no tienen comparación.

Los colonialistas son expertos en el debate inventado. Debatir sobre cosas que no tendrían que debatirse. Cantinfladas, le llamamos en nuestra cultura política.

Hay cosas que ni siquiera debaten, pero proponen y defienden como palabra de Dios. Una de esas es la que plantea en el debate sobre la autonomía — si la democracia es mejor que la libertad. Dos cosas que no son opuestas las oponen en ese debate para confundir y evadir la esencia del conflicto original entre autonomismo y soberanía.

El autonomismo es un estado de subordinación colonial por donde quiera que se mire. Es el andamiaje jurídico de la colonia permanente.

*20 de junio de 2016*

# ANTE LA ONU

Algo me dice que el embajador de Ecuador ante las Naciones Unidas Horacio Sevilla Borja, tiró el ojo varias veces hacia las sillas de la delegación de Estados Unidos en el Comité de Descolonización de la ONU el lunes 20 de junio.

Según los partes de Prensa, había un funcionario sentado en una de las sillas de Estados Unidos que no se inmutó, no intervino y ni siquiera movió la cabeza en desacuerdo con lo que estaba pasando ese lunes en aquel hemiciclo.

Esta vez no había cuchicheo en los pasillos sobre amenazas ni presiones de Estados Unidos a los países miembros del Comité para que no votaran por la resolución a favor de la libre determinación e independencia de la colonia de Puerto Rico. ¿No había torcedura de brazos? ¿No había miradas de advertencia siquiera? ¿No había posturas de codos en la mesa y puños bajo el mentón en actitud de parejería diplomática? Raro. Pero parecía que esta vez Estados Unidos esperaba la resolución con parsimonia. Su silencio, para algunos que entienden esos lenguajes, podría significar que hasta la alentaba.

Sevilla Borja estaba seguramente intrigado. Si como dijo no se imaginaba que regresaría a la ONU cuarenta y cuatro años después y Puerto Rico seguiría siendo una colonia, menos debía imaginarse que Estados Unidos no estuviera en su actitud beligerante acostumbrada. La que le había costado a él mismo salir de la ONU esos cuarenta y cuatro años antes como embajador alterno de Ecuador.

Es que fue Sevilla Borja el que en 1972 rompió el empate 11—11 para que el Comité de Descolonización aprobara por primera vez la resolución a favor de la libre determinación e independencia de Puerto Rico.

José Delgado, el corresponsal de El Nuevo Día, entrevistó a Sevilla Borja

"Entonces, no había tema con el cual EE.UU. amenazaba más. Era su primera prioridad en la política internacional.", admitió el diplomático que apenas presentaba hacía una semana sus credenciales como nuevo jefe de la misión de Ecuador, cuarenta y cuatro años más tarde del castigo.

Hay quienes sostienen que es precisamente haber perdido su importancia internacional para Estados Unidos lo que ha hecho cambiar la actitud de la metrópolis hacia la colonia.

Lo que haya sido, o sea, ha propiciado un cambio en el lenguaje que se maneja ahora sobre Puerto Rico en el Comité de Descolonización al haber adoptado una sugerencia de la senadora independentista María de Lourdes Santiago para fomentar un diálogo entre el gobierno de Estados Unidos y sectores puertorriqueños que favorecen acabar con el actual status colonial. La propia senadora quedó sorprendida.

Once días antes el Tribunal Supremo Federal había bajado su decisión sobre Sánchez Valle.

Siete días después de la sesión del Comité de Descolonización Rafael Hernández Colón aprovechaba una entrevista de
televisión para decir que el camino que correspondía era el
de la ONU. Comenzaba a poner sobre la mesa lo que el 25 de
julio explicó con pelos y señales. PROMESA viola el pacto
que según él queda ratificado en la decisión del Supremo
Federal, pero lo prudente no es retar el estatuto congresional
ante el foro judicial. Lo que procede es denunciar ante la
ONU que Estados Unidos engañó la comunidad internacional al representar que había pactado con Puerto Rico un gobierno propio que ahora viola con PROMESA.

El problema es que en ese engaño participó su partido.
Aunque ahora trate de presentarse como víctima, ciertamente fue conspirador.

Así las cosas, lo que queda claro a la altura del 2016 es que
el caso de Puerto Rico debe salir del Comité de Descolonización para entrar como asunto ante el pleno de las Naciones
Unidas.

Lo que no me queda claro es por qué Rafael Hernández Colón no puede, por ejemplo, llamar por teléfono a Rubén Be-
rríos Martínez e invitarlo a la Calle Sol de Ponce para chocar
ideas con el experto cubano Raúl Alarcón sobre como meter-
se de lleno en ese proceso.

WILDA RODRIGUEZ

*28 de junio de 2016*

# UNA DIGRESIÓN

El martes 28 de junio el senador Bob Menéndez habló cuatro horas seguidas contra la creación de la JCF para Puerto Rico. Gracias.

Posiblemente fue el día que muchos puertorriqueños se enteraron de lo que es filibusterismo, o el bloqueo de un acto legislativo mediante un discurso largo. Un congresista puede hablar todo lo que pueda mientras no se siente ni se calle para detener una acción del Congreso. Particularmente cuando se acerca la hora del fin de una sesión legislativa. No era el caso el 28 de junio, no había nada que detener en ese momento, pero se agradece.

Una de mis películas favoritas sigue siendo *Mr. Smith Goes to Washington* con James Stewart. Me la recomendó la señora Medina, una maestra que decía que yo era capaz de hablar toda la hora de su clase para no tener que tomar una prueba de llena blancos. No era cierto. Solamente odiaba las pruebas objetivas sobre temas subjetivos. Y odiaba la clase de historia de Estados Unidos aunque admito que la maestra, una mujer robusta y dulce de rostro muy cuidado y boquita de Betty Boob, era muy buena y no adoctrinaba.

La película del director Frank Capra se filmó antes de yo nacer y la vine a ver por primera vez en televisión cuando ya estaba en escuela secundaria. Quedé fascinada con el personaje quijotesco de Stewart y su batalla en el Senado de Estados Unidos contra la corrupción gubernamental de su época.

Menéndez no tenía intención alguna de ser un Stewart aquel martes, pero a mi me hizo sonreír su amago. Un senador estadounidense acusado de corrupción no es precisamente una buena versión del Mr. Smith de Frank Capra. Lo que sí quedaba claro es que Menéndez se ganó por lo menos los recaudos de un *fund raiser* de los que le hace Pedro Ortiz Álvarez en Ponce para su campaña política.

Nada iba a detener PROMESA, pero vimos un aspecto del Congreso ese que es el amo.

Lo que los puertorriqueños no parecen darse cuenta es cuán fluido es el amo. Cuando hablamos del Congreso tendríamos que tomar en cuenta de que su rostro colectivo cambia cada dos y seis años. El amo de la colonia ha cambiado 49 veces de rostro desde 1898 para acá. ¿De ese amo es que estamos esperando una definición?

Hay 435 representantes en la Cámara — uno por cada 30,000 habitantes de los estados — que son electos cada dos años. Hay 100 senadores — dos por cada estado — que duran seis años en el cargo.

El 29 de junio todo el mundo estaba esperando la intervención de Bernie Sanders en el Senado. Después de Menéndez, la esperanza blanca (Great White Hope) de la política estadounidense iba a tratar también de parar PROMESA, arrasaría.

En el Senado, nos habían dicho, se puede parar PROMESA.

Los que conocemos el Congreso por dentro sabíamos que no. Sabíamos que Sanders había jurado salir a matar en el fragor de la campaña primarista pero que realmente no podría hacer gran cosa en Capitol Hill.

Son exiguas las sorpresas en el Congreso. Los cambios son tan lentos como caravanas de lapas. Vender el Congreso como una serie de Netflix es política ficción.

Lo que me sigue molestando aún más es que la clase política le trate de vender el Congreso a los puertorriqueños como es este cuerpo que puede amanecer mañana con bríos, lavarse la boca, afeitarse, ducharse, ponerse calzoncillos limpios y decir: "Hoy voy a resolver el status de Puerto Rico".

Bastaría que uno solo de sus dedos (miembros) se moviera y dijera: "Ay, fo, hoy no".

Perdonen la digresión, pero a veces me da pesadillas pensando en el filibusterismo de un *redneck* de Alabama. Se me aparece como George Wallace.

*15 de octubre de 2015*[5]

# THERE IS A CATCH

*(Nota: Este artículo fue publicado previo a una reunión de líderes de la diáspora antes de que se discutiera la Junta de Control Fiscal.)*

As Puerto Rico's diaspora grows in worth to continental politics, leaders of the island's two major political parties explore new means to exploit the numbers for their own political advantage.

Today, 60 percent of Puerto Ricans live in the continental United States, and by 2020 that number is expected to increase to 66 percent. Most Puerto Ricans are moving to Florida, but some are spreading to other states, including, but not limited to, Ohio, Texas, North Carolina and Rhode Island.

2016 is approaching fast and 5.2 million Puerto Ricans currently residing in the States pose a golden opportunity in a presidential election year. The diaspora is increasingly becoming key to continental elections in swing states such as Florida, and probably in Pennsylvania and Ohio.

---

[5] Publicado en City & State.

Not surprisingly, leaders from the Partido Popular Democrático and the Partido Nuevo Progresista have increased their business trips to the States, in an effort to increase their interactions with Puerto Ricans everywhere. Their "business" is to deliver some of the diaspora's power to the Democratic and Republican parties.

The PPD and the PNP are colonial parties. Political principles and ideology have long been on the back burner for both. What they really contend for every four years in local elections is the power to run the U.S. territory as a business. While their rhetoric includes a lot of references to change and to saving the island's economy, both parties work to strength the colonial establishment.

Now they've begun recruiting Puerto Ricans in the diaspora to help advance their business efforts, and I am afraid some of my brothers and sisters on the mainland are falling into this trap.

Though I live in Puerto Rico today, I've been a member of the diaspora several times. I know what it is to yearn for our people to be acknowledged and prove themselves as the spearhead of our patria before the power of the U.S. government. I have passionately embraced the struggle to ensure that the power and relevance of our diaspora is recognized in U.S. politics. Hence my concern that my compatriots could be used as political pawns.

The crisis in Puerto Rico is going from bad to worse by the minute. It's no longer just an economic one. It's political: a crisis of a collapsed colonial status and a colony's relations-

hip with the metropolis. The so—called Commonwealth of Puerto Rico —el Estado Libre Asociado de Puerto Rico— is imploding.

But to acknowledge the political nature of the crisis would necessitate an admission that it's time for radical political change, and this is simply not a matter the U.S. Congress has any interest in taking on. It's not a priority for federal, city or state leaders because they belong to U.S. political parties that have long benefited from the American colonial mentality.

Here in Puerto Rico, leaders of the PPD and the PNP, while publicly blaming each other for the crisis, work together toward a common goal: el Estado Libre Asociado mejorado, an enhanced colonial status. And now they are setting an even more ambitious agenda: to make the diaspora work for the ELA mejorado.

They are rallying Puerto Ricans in Florida and New York to ask the U.S. government for parity and equality for Puerto Rico. That is a very convincing plea to people yearning to help their beloved homeland in a time of great distress. But watch out! This is a campaign to "fix" the colony as a colony. It will put Puerto Rico in a position to ask for more charity, not rights. Since 1898, as a non—incorporated territory, Puerto Rico has not had the right to demand anything from the U.S. government. Rather, Puerto Rico has had to rely on goodwill and indulgences from Washington, D.C., to a subordinate nation.

Here comes the Catch—22 situation. Puerto Rico is in desperate need of financial assistance. Most Puerto Ricans would take whatever the U.S. government gives, regardless of whether it's considered a handout. But, as many of our abuelas have wisely warned us, one must be careful what one wishes for. And beware — the wish list currently before Congress and President Barack Obama is just another bid for a permanent state of subordination for Puerto Rico.

Here is the wish list for the ELA mejorado:

• Equal treatment under federal health programs, such as Medicare, Medicaid and the Affordable Care Act.

• Extension of the federal earned income tax credit program to Puerto Ricans living on the island.

• Approval of legislation to allow distressed agencies and municipalities in Puerto Rico to file for bankruptcy under Chapter 9 of the U.S. bankruptcy code.

• Exemption of Puerto Rico from the Jones Act (coastwise shipping laws which require the use of the most expensive U.S. vessels for trade).

• Addition of a new Section 933A to permit U.S. – owned businesses in Puerto Rico to elect to be treated as U.S. domestic corporations.

• Enactment of an economic activity tax credit for U.S. investment in Puerto Rico.

The benefits of these agenda items are clear. If Congress delivers on any of these, we will be better off for a couple of decades or until U.S. interests decide to reverse any of the assistances as they did with former Section 936 of the Internal Revenue Code in the 1990s. (The reversal of Section 936 is widely acknowledged as responsible for most of Puerto Rico's present financial woes. Not government corruption, fiscal mismanagement or the collapse of the colonial status. Section 936. It was a wonderful assistance and when the U.S. took it back, we got hit hard.)

But as Sergio Marxuach, one of Puerto Rico's top economists, pointed out recently, none of the items on the current wish list addresses "the question of whether Puerto Rico has reached the limits of what it can do to improve the quality of life of its people within the constraints imposed by its subordinate political status. Neither a sovereign country nor a state of the union, Puerto Rico has no authority to negotiate international treaties, no access to emergency financing from multilateral institutions, no monetary policy instruments, limited fiscal policy tools, nominal representation in Congress, and the U.S. Supreme Court has determined it is constitutionally permissible for Congress to discriminate against Puerto Rico in the application of federal programs as long as there exists a rational basis for doing so."

Let me put this bluntly: The state of permanent limbo is what the two political parties in Puerto Rico want our compatriots in the diaspora to stand behind. Those who choose not to support this list of demands to the American government, the leaders of the PPD and PNP will argue, are turning their backs on a Puerto Rico in distress.

The dilemma is obvious. There is no escaping the mutually conflicting conditions of this predicament. Either you support new assistances for the colony, or a resolution to our political status. To do the former will be portrayed as help from our brothers and sisters in the mainland. To do the latter will be portrayed as an intrusion in local politics from Puerto Ricans who are not directly and on a daily basis affected by them.

I am in no position to demand a choice or a standoff from leaders of the Somos conference. Among you, there is a broad spectrum of opinions regarding Puerto Rico's political situation. Nothing that I write will change that.

What I ask is that you at least acknowledge the stumbling block we're facing. History will not be satisfied with a "yo no sabía" there was a catch. There is a catch. Now you can't say you didn't know.

*21 de septiembre de 2015*[6]

# EL ELA MEJORADO POR LA COCINA

Ya sabemos que el Plan de Ajuste Fiscal es un *"bluff"*. Una carta a Santa Clós con regalos deseados que nada tiene que ver con la capacidad del Gobierno para resolver la crisis fiscal del país, mucho menos para proveer su desarrollo económico.

Que el Congreso le regale la derogación de la ley de cabotaje, le otorgue paridad en fondos federales para la salud, le exima de leyes laborales, le permita acogerse a la ley de quiebra y le autorice a reestructurar el programa de asistencia nutricional (PAN), es la lista de compra de un ELA mejorado traído por la cocina.

Lo que no se atreve plantearle de cara al país, ni siquiera a los soberanistas de su propio Partido Popular Democrático, Alejandro García Padilla lo cuela en una propuesta para salvar la colonia como colonia.

No hace alusión sin embargo a que todas esas nuevas regalías conformarían un reajuste a la relación de la colonia con la metrópolis. Hacerlo sería reconocer que el ELA fracasó y que su única alternativa es mendigar generosidad ante el Congreso para arreglarlo un poquito. De ahí que el Plan de

---

[6] Columna publicada en *El Nuevo Día*.

Ajuste Fiscal no mencione ni por equivocación el status como eje de la crisis que atravesamos.

Plantea sin ruborizarse que el desarrollo económico de Puerto Rico depende de que el Congreso decida tratar un tantito mejor a su colonia. Pero lo hace achacándole a la deuda la imposibilidad total de desarrollo, no a la incapacidad de la colonia para desarrollarse. Se monta en una nueva estrategia de usar la diáspora para oxigenar el ELA, contando con que los partidos en Estados Unidos buscan con denuedo el voto puertorriqueño. Espero que la diáspora no caiga en esta trampa.

La otra parte del "*bluff*" se refiere a legislación en el ámbito local. Planes de privatización que descapitalizarían el poco patrimonio que nos queda, nuevas cargas tributarias a la clase media trabajadora, reducción de la responsabilidad del estado sobre la educación superior y sobre los municipios y nuevos incentivos corporativos a costa del trabajador.

Los legisladores le han dado pase de paloma a las ilusiones de García Padilla. Cierto que no hay todavía un paquete legislativo que considerar al respecto. Pero han optado por ignorar hasta la posibilidad de que ese paquete arribe al Capitolio.

¿Por qué el "*bluff*"?

Se trata de una estrategia del candidato a la gobernación, no del gobernante. Un subterfugio mediático para plantear su programa de gobierno para un nuevo cuatrienio, porque es más que obvio que en éste ya no va para ningún lado.

Fíjense que es la primera vez que el Gobierno nos dice oficialmente —no con informes de terceros— que esto se "fuñó". Eso era necesario y el país lo estaba reclamando. Pero al enmarcarlo en una propuesta de posibilidades quiméricas oculta el fracaso con la ilusión.

Los analistas le vieron el ruedo: un mensaje para apaciguar a los bonistas. Los bonistas no creen en Santa Clós y saben que todo lo que dicen las setenta y siete páginas del Plan de Ajuste Fiscal no va a pasar. Pero también están entretenidos con el panorama electoral, particularmente el de Estados Unidos. A Puerto Rico lo manejan con la izquierda.

Responder con una quimera como plan de desarrollo económico es mucho con demasiado y se la estamos dejando pasar por la esquina del plato.

Claro, que ya para el 2013 el gobernante dijo que había salvado las finanzas del país, que no habrían más impuestos y que bajaría el IVU al 6.5%.

Para principios del 2014 ya había declarado que había llevado el déficit a cero, que no teníamos problemas de liquidez y que jamás caeríamos en el impago. ¿De qué nos preocupamos?

*19 de mayo de 1951*

# NI CONSTITUCIÓN NI CONVENIO

Si me preguntaran a quienes quisiera entrevistar hoy sobre el tema de la Constitución de Puerto Rico no titubearía en responder que a Vicente Geigel Polanco y a Antonio Fernós López Cepero. Ojalá me escuchen y les de un día con atender mi pedido. Sabido es que don Vicente era espírita. Sería un privilegio que me complaciera. No se si Toñito. Pero que sepan que tienen ambos mi solicitud de entrevista.

A falta de mi contacto directo con el espíritu avanzado de Geigel Polanco, me he leído todo lo que de él me ha caído en las manos y le he dado seguimiento a su pensamiento a la menor oportunidad. Con Fernós fue a conversaciones personales en virtud de la amistad que nos unió en vida. Mi amigo Antonio Fernós López Cepero y Vicente Geigel Polanco han sido mis profetas constitucionales.

Para los que no sepan quien era Geigel Polanco, se trata de un intelectual, político, periodista, escritor y abogado de Isabela que impresionó tanto a su generación (1904—1979) que Eliseo Combas Guerra, un periodista anexionista del periódico El Mundo, le llamó *El cerebro mágico de Puerto Rico*.

Fue fundador y Secretario de la Academia Puertorriqueña de la Historia en el 1934. Presidió el Ateneo Puertorriqueño durante los años 1939 al 1940. También, fue presidente de la Sociedad de Autores Puertorriqueños. Durante los años 1941 al 1948 fue senador por acumulación por el Partido Popular Democrático. Fue Procurador General de Puerto Rico. Fue uno de los fundadores del movimiento de renovación literaria El Noísmo, cuyo propósito era renovar el pensar literario al igual que los valores del Puerto Rico de la década de los 20. Fundó la revista Indice, junto a Antonio S. Pedreira.

Mi admiración por este hombre es extraordinaria y la dejo estipulada.

\* \* \*

El sábado 19 de mayo de 1951, el periódico El Mundo publicó bajo el título *Ni Constitución, ni convenio* un fragmento del libro de Geigel Polanco *La farsa del estado Libre Asociado*. Río Piedras: Edil, 1972.

En las páginas 21 a 24 Geigel Polanco enumeró todas las disposiciones de la Ley Jones que sobrevivían aún después de la adopción de la Constitución en 1952.

Pues bien, la Sección 4 (de la Ley Pública 600) provee que todas las disposiciones de la Ley Jones que tratan sobre las relaciones políticas y económicas entre Puerto Rico y Estados Unidos quedarán subsistentes y se conocerán como la "Ley de Relaciones Federales con Puerto Rico". Esto significa que quedarán inalteradas las actuales relaciones políticas y económicas

Esas relaciones son, nada menos, que las siguientes.

1) Que Estados Unidos ejerce y seguirá ejerciendo soberanía sobre Puerto Rico, en virtud de la cesión que consagró el Tratado de París de 10 de diciembre de 1898;

2) Que Puerto Rico es y seguirá siendo una posesión territorial de Estados Unidos, según se expresa en la sección de la Ley Jones, que pasará a ser también la sección 1 de la Ley de Relaciones Federales con Puerto Rico;

3) Que Estados Unidos tiene y seguirá teniendo plenos poderes sobre el territorio de Puerto Rico bajo los términos del inciso 2, sección 3, del artículo IV de la Constitución federal, que faculta al Congreso para disponer de los territorios pertenecientes a Estados Unidos y dictar en cuanto a ellos las leyes, reglas y reglamentos que considere necesarios;

4) Que Puerto Rico seguirá sujeto a las leyes de tarifas de Estados Unidos en sus relaciones comerciales con países extranjeros, quedando todas las importaciones que haga la Isla de tales países sujetas al pago de los derechos de aduana que imponen las referidas leyes de tarifas, en cuya redac-ción y aprobación no ha intervenido ni podrá intervenir el pueblo de Puerto Rico.

5) Que Puerto Rico no podrá negociar tratados de comercio con países extranjeros;

6) Que Puerto Rico está y seguirá sujeto a las leyes de cabotaje de Estados Unidos, que significa que está y seguirá obligado a usar barcos de matrícula norteamericana en sus relaciones comercia-les con Estados Unidos;

7) Que continuará la presente relación de comercio libre entre Puerto Rico y Estados Unidos, en virtud de la cual la mercadería de Estados Unidos entrará libre de derechos en Puerto Rico, y la de Puerto Rico, a su vez, libre de derechos en Estados Unidos;

8) Que los habitantes naturales de Puerto Rico seguirán siendo ciudadanos de Estados Unidos;

9) Que los ingresos por concepto de arbitrios federales sobre artículos producidos en Puerto Rico que entren al mercado de Estados Unidos, tales como ron, cigarrillos, etc., y los ingresos de aduana sobre mercaderías importadas por Puerto Rico, se seguirán devolviendo al Tesoro de Puerto Rico;

10) Que la industria azucarera de Puerto Rico seguirá sujeta al sistema de cuotas fijado por el Congreso de Estados Unidos, quedando así limitada por acción congresional la capacidad de producción de nuestro pueblo en su industria básica;

11) Que el refinado de azúcar en Puerto Rico quedará igualmente sujeto a la exigua cuota, que se fija ahora bajo la Ley Azucarera del Congreso de Estados Unidos, quedando así la Isla impedida de refinar todo su azúcar;

12) Que Puerto Rico seguirá sujeto a numerosas leyes del Congreso de Estados Unidos, tales como la Ley Federal de Horas y Salarios, la Ley de Inquilinato, la Ley del Servicio Selectivo, las leyes que proveen ayuda económica a los estados y territorios para fines educativos, de fomento agrícola, protección de la salud, construcción de puertos y carreteras, etcétera.

13) Que en Puerto Rico seguirá funcionando la Corte de Distrito de Estados Unidos para el Dis-trito de Puerto Rico (Corte Federal) con su actual jurisdicción;

14) Que todas las diligencias judiciales en Puerto Rico se harán a nombre de «Estados Unidos de América, SS, El Presidente de Estados Unidos»;

15) Que Puerto Rico seguirá sujeto al sistema judicial de Estados Unidos, en el sentido de que las decisiones de nuestro Tribunal Supremo no serán finales, sino revisables por la Corte de Circuito de Apelaciones de Boston y el Tribunal Supremo de Estados Unidos conforme a las leyes federales;

16) Que todos los funcionarios en Puerto Rico deberán ser ciudadanos de Estados Unidos y antes de entrar en el desempeño de sus respectivas funciones, prestarán juramento de sostener la Constitución de Estados Unidos y las leyes de Puerto Rico;

17) Que el pueblo de Puerto Rico seguirá eligiendo cada cuatro años un Comisionado Residente, sin voz ni voto, quien tendrá derecho a reconocimiento oficial como tal Comisionado por todos los Departamentos del Gobierno de Estados Unidos:

18) Que Puerto Rico seguirá sujeto al sistema monetario y postal de Estados Unidos.

Bajo la Ley 600, tales son, en apretada pero no agotadora síntesis, las relaciones políticas y económicas que subsistirán como «Ley de Relaciones Federales con Puerto Rico».

Tenemos una constitución de embuste desde el mismo día que se firmó. Hablamos de una crisis constitucional a la altura del 2012 cuando la tenemos hace 60 años.

Mis maestros sobre asuntos de la constitución fueron Vicente Géigel Polanco y Antonio Fernós López— Cepero. Ambos me abrieron los ojos a la realidad de un documento cuyo único gran valor estuvo y sigue estando en su Artículo II, la Carta de Derechos, una de las más avanzadas del mundo entero. Por eso le tenemos que estar eternamente agradecidos a los que redactaron la Constitución. Por nada más.

El resto es un documento corto y somero que cumplió su propósito de aparentar un gobierno propio bajo la tutela de un amo generoso. Un documento diseñado para los partidos políticos. Una constitución para una partidocracia controlada por dos partidos políticos. Una constitución hecha para ciudadanos en función de miembros de esos partidos políticos.

Esa constitución nos ha propiciado la trastada que ahora todos llaman crisis constitucional y que se resume en la encerrona de que un solo partido controla las tres ramas de gobierno. Que no puede sostener la división de poderes que dice garantizar. Que cuando se hace la pregunta del Chapulín Colorado —¿y ahora quién podrá defendernos?—, nadie se atreve a reconocer que la única apelación está donde siempre ha estado el poder: en el imperio.

Geigel Polanco nos advirtió en 1951: "La Ley 600 sólo autoriza una constitución colonial", "una constitución de embuste con los derechos menguados".

Esa constitución del ELA, para quienes no lo sepan, la hicieron representantes del Partido Popular y el Partido Estadista. Los independentistas vieron la patraña y se retiraron.

En su ratificación participó solamente el 58% de los electores. Fue aprobada por el 82% de la mitad del país. Si llega a ser en esta época, se echa al olvido como se echó la enmienda de la unicameralidad. Pero no, la vendieron y la alaban como si se tratara de la biblia de los puertorriqueños y nunca lo ha sido. Fue un documento hecho por sastres jurídicos a la medida de Estados Unidos. Los independentistas nunca participaron de la patraña que serviría para menguarnos.

Nada más lógico que el Partido Popular la defienda. Un partido que no ha podido reinventarse. Un partido quedado y con miedo. Quedado en 1952 y con miedo a dejar de ser.

También es de esperar que el PNP no la ataque abiertamente. Le ha permitido llegar a donde está, comerle los dulces al PPD y dominar las tres ramas de gobierno.    La constitución del ELA se hizo precisamente para que esas dos instituciones ideológicas prevalecieran.

Las constituciones de otros países trabajan sobre los temas que la nuestra no trabaja porque no está autorizada a ello. El concepto de nación, el concepto de soberanía y libre determinación, la banca, la industria, las propiedades nacionales y los recursos naturales, las obligaciones civiles, la inmigración, la relación con otros países, la nacionalidad. Un vistazo a la Constitución de México, por ejemplo, nos da una buena idea de lo que la nuestra no toca ni de lejos. Antes de llegar a su forma de gobierno en el Título II, tiene casi cuarenta artículos sobre todo lo anterior.

Por otro lado, los países son conscientes de que sus constituciones no están escritas en piedra. Pongo como ejemplo la Constitución de Uruguay. Su última versión es la de 1997 y lleva siete. La primera fue en 1829.

Que sirva esta columna para comenzar a discutir la "crisis constitucional" sobre bases reales. En esa discusión yo me apunto.

*20 de septiembre de 2014* [7]

# A PUERTO RICO LE HACE FALTA UNA CONSTITUCIÓN

A Puerto Rico le hace falta una nueva Constitución. No se rían. Sé que eso es sueño de una noche de verano, pero en algún momento tenemos que volver a soñar. La vida es lo que nos deben. A nosotros nos deben una Constitución decente.

Antonio Fernós López—Cepero, mi amigo y maestro en estos menesteres constitucionales, me enseñó a apreciar la Carta de Derechos de nuestra Constitución en todo lo que vale y a despreciar con igual pasión el resto de ese documento colonial. Compartíamos la idea de hacer un libro pequeñito con la Carta de Derechos y regalárselo a los niños para que lo cargaran de por vida como el libro rojo de Mao. Y echar el resto al zafacón.

Antes que Toño me había impactado la visión de la Constitución de Vicente Géigel Polanco: "una Constitución de embuste con los derechos menguados". Esa fue la que me hizo leer la dichosa Constitución nuestra muchas veces hasta lle-

---

[7] Artículo publicado en *80 grados.*

gar a la misma conclusión de Géigel y luego de Toñito: nuestra Constitución es un espejismo de democracia.

Como a Geigel no lo conocí nunca lo pude acribillar con preguntas como a Toño. Las respuestas de Fernós siempre fueron tan tajantes como consistentes.

Esto que escribo, pues, se lo dedico a la memoria de mi amigo. Este deseo ferviente por convencer cada día a más personas de que desde la soberanía hasta la educación, desde el sistema electoral hasta el de justicia y el de salud, la ruta para resolver cada una de esas crisis es una nueva Constitución.

En buena medida, el inmovilismo de nuestra Constitución es su esencia. Una Constitución hecha con el permiso y bajo la supervisión directa del imperio para cumplir su función como espejismo de democracia, mantener y sostener la colonia por consentimiento. Una Constitución cuyo único cometido — y vuelvo a sacar aparte la Carta de Derechos— es establecer la partidocracia como garante de la colonia. Una Constitución para asegurar que a todo dar, sean solo dos partidos coloniales los que se turnen en administrar poder y presupuesto. Una Constitución colonial.

La Constitución del ELA no puede entrar en los asuntos que entran las de los países que se respetan: los conceptos de nación, soberanía y libre determinación. Sobre cómo ha de regirse la banca, la industria, las propiedades nacionales y los recursos naturales. Sobre los derechos y obligaciones civiles, la inmigración, la relación con otros países, la nacionalidad. Entonces va sobre la forma de gobierno y el sistema contributivo. La Constitución del ELA se salta todo para referirse a esto último tras engatusarnos con una excelente carta de derechos. Hay constituciones que tienen treinta y cuarenta artículos antes de llegar a la forma de gobierno y el sistema contributivo. La nuestra es un documento sucinto de nueve artículos, ocho de ellos dedicados a la forma de gobierno, al traqueteo partidista.

Al decir de Fernós, nuestra Constitución no fue hecha para el pueblo, fue hecha para los partidos. No fue hecha para ciudadanos, sino para miembros de partidos políticos. Si usted no se concibe como miembro de uno de los dos partidos que auspicia, esta Constitución no es para usted.

Para colmo de la hipocresía y el fraude, el balance de poder en tres ramas de gobierno que cacarea es un fiasco. Ya hemos visto cómo un solo partido en un momento dado puede controlar las tres ramas de gobierno. Cuando la Constitución no ha podido garantizar la división de poderes, le llamamos crisis constitucional. ¿Y hemos hecho algo para resolverla?

Otra de las cosas que tienen claras los países soberanos es que las constituciones necesitan ser renovadas de vez en cuando. Uruguay, por ejemplo, lleva siete versiones desde 1829. La última es de 1997. En Chile, Michele Bachelet ganó las últimas elecciones bajo la promesa de una nueva Constitución para Chile ya que la última fue la que les dejó la dictadura de Augusto Pinochet.

Algunas constituciones se renuevan mediante enmiendas, otras son documentos nuevos en su totalidad.

La de Estados Unidos ha sido enmendada 27 veces. La de Puerto Rico solamente seis veces y tres de ellas en el mismo año que se hizo (1952) para corregir unas cositas que el imperio rechazó. Fueron exigidas por el Congreso de los Estados Unidos como condición para aceptar la Constitución de Puerto Rico. A saber:

Para eliminar la sección 20 de la Carta de Derechos que garantizaba el derecho a educación primaria y secundaria gratuita, a obtener trabajo, a un nivel de vida adecuado y a la protección social (en el desempleo, enfermedad, vejez o incapacidad) (1952)

Para reconocer el derecho a ser educado en escuelas auspiciadas por el sector privado (1952)

Para disponer que toda enmienda a la Constitución de Puerto Rico deberá ser compatible con la resolución del Congreso de los EEUU aprobando la Constitución local, la Ley de Relaciones Federales, la Ley 600 del Congreso (que abrió el proceso para la adopción de la Constitución de Puerto Rico) y con la Constitución de los Estados Unidos (1952)

Las otras tres son las siguientes:

Para permitir que el Tribunal Supremo decida casos en pleno o en paneles de tres jueces (1960)

Para aumentar el margen prestatario del gobierno al 15% de los recaudos habidos en los dos (2) años previos inmediatos (1961)

Para permitirle votar a toda persona de 18 años o más (1970)

De allá para acá la Constitución ha sido "mírame y no me toques". Le han rendido tanta pleitesía a la mierda de Constitución que los puertorriqueños piensan que si la tocan la trastocan. Eso ha sido providencial si vamos a ver, porque las enmiendas que se les han ocurrido a los gobiernos de turno han sido catastróficas y hubo que fajarse desde la sociedad civil para derrotarlas.

En 1994 matamos dos propuestas de enmienda a la Constitución: (1) para fijar en nueve el número de jueces del Tribunal Supremo; (2) para eliminar el derecho absoluto a la fianza a "criminales habituales".

En el 2012 matamos otras dos: (1) para reducir el número de legisladores un 30% y (2) para que los jueces tengan la discreción de ordenar encarcelamientos sin derecho a fianza.

Ahora hablamos de una asamblea constitucional de status y ya hemos visto lo que han hecho y hacen los dos partidos coloniales para detenerla. Lo cierto es que necesitamos una nueva Constitución. Punto.

Son muchas —demasiadas— las cosas que tendríamos que arreglar con una nueva Constitución, pero me voy a referir someramente a las más obvias.

Marcia Rivera nos hablaba el otro día aquí mismo en 80grados de la más importante de ellas: el sistema educativo. Habría que sacar el sistema educativo del vaivén político partidista otorgándole la autonomía institucional que le permita funcionar. La Constitución vigente lo impide. Las secciones 5 y 6 del Artículo IV le otorgan pleno poder al gobernador de turno para controlar el Departamento de Educación y nombrar su Secretario. La autonomía del sistema educativo es esencial y eso requiere un cambio constitucional.

En estos días el tema que acapara titulares es una alegada corrupción judicial. He sido repetitiva en que no debemos caer en una cacería de brujas para complacer una opinión pública incendiada por los que buscan despojar a la judicatura de los jueces liberales acusándolos de blandos. Eso es lo que procura la derecha y el fundamentalismo religioso para cuando regresen al poder como aspiran. O por los que buscan desquitarse de jueces que no les han favorecido. O por los que buscan ridiculizar hasta tullir la Presidencia del Tribunal Supremo en manos de la minoría Popular para controlar la institución desde el Partido Nuevo Progresista sin mucho problema.

Sabemos que son más los jueces incompetentes e ineptos que los jueces corruptos. También sabemos que eso ha sido el resultado del sistema de nombramiento de jueces que propicia la Sección 5 del Artículo V de la Constitución. Los jueces los nombra el gobernador de turno con el consejo y consentimiento del Senado. La fórmula ha sido un fracaso. La adopción de un sistema de mérito como condición para ser juez requiere un cambio constitucional.

Sin ir más lejos, el mismo sistema electoral requiere un cambio constitucional si queremos lo que el país parece reclamar y nadie hace caso. Segunda ronda, procesos revocatorios, representación proporcional en la Legislatura, menos municipios.

La democracia participativa de la que tanto hablamos solo se afianza con un mecanismo institucionalizado de participación ciudadana directo, lo que se conoce como un proyecto de iniciativa ciudadana para que la sociedad civil pueda intervenir en la política pública mediante referéndums que ella misma convoca. Una participación disciplinada y consecuente del pueblo en su quehacer mediante la solidaridad organizada. Eso requiere un cambio constitucional.

Hay muchas más instancias en las que se hace obvia la necesidad de cambios constitucionales. Y son tantas, que de lo que estaríamos hablando es de una nueva Constitución.

¿Sueño de una noche de verano? Sí. Pero si instalamos el sueño en muchos de nosotros nos podemos convertir en la pesadilla de los inmovilistas.

*30 de enero de 2015*[8]

# EL EMBUSTE POLÍTICO

Si nos diera con contar las mentiras políticas de nuestros gobernantes para determinar cuál nos ha sido más embustero entraríamos en una crisis peor a la económica.

Por eso decimos que los pueblos tienen la memoria corta. Pasan la página hasta la próxima mentira seguros de que llega pero haciéndose los cándidos, luego sorprendidos, luego indignados, luego resignados, luego desmemoriados, luego cándidos de nuevo. Ese es y ha sido el mecanismo de todos los pueblos enterados de que la mentira es condición *sine qua non* de la política. Maquinaria de olvido que la filósofa uruguaya Ana María Martínez de la Escalera define como "catacresis", una figura retórica cuyo punto central es "justamente el olvido".

El tema de la mentira como imprescindible a la política se remonta a Platón. Se da por sentado la relación simbiótica mentira – política y rara vez es tema de debate cotidiano. Solo algunos politólogos lo hacen. Aún así, lo que se debate con más frecuencia es si la mentira política debe tener un límite o si hay una diferencia distintiva entre engaño y mentira en la política.

---

[8] Artículo publicado en *80 grados*.

¿Fue la Constitución del ELA la gran mentira de Luis Muñoz Marín o su verbo pseudosocialista acunado en el pensamiento de una gran mujer? ¿La superó Rafael Hernández Colón con su pronunciamiento de Aguas Buenas y su catolicismo fundamentalista travestido de liberal? ¿La superó Pedro Rosselló con su filantropía médica extraviada? ¿Aníbal, con su absolución criminal pero no política? ¿Sila, con su empatía hacia la pobreza desde la liviandad coqueta del privilegio? ¿Fortuño o García Padilla con mitomanías funcionales que en ambos parecen cosa de sus genomas?

De quién lleve la puntuación depende el gobernante que se lleve el premio mayor.

No nos asomamos a esa competencia inútil a riesgo de un debate en retórica que supere el del estatus — que, por cierto, es para mi el barril sin fondo de las más grandes mentiras de todos nuestros gobernantes.

Tratar de llevar un récord no va a conducir a nada. Pero sí vale la pena quedar claros. Si la mentira y la política van de la mano, ¿hasta donde soportamos la pareja? ¿Nos corresponde trazar la línea del exceso y el engaño? ¿Podemos, o terminaremos siempre en lo que la filósofa uruguaya define como catacresis?

En sentido estricto la catacresis es una pura maquinaria de olvido que entra en acción «haciendo olvidar», borrando la génesis pragmática del sentido original de una expresión y volviéndola, en efecto, un cliché; integrándola y conformándola a la tradición de lo «ya dicho» y «lo que se dice». Actúa para producir el refrán, la frase hecha, la sabiduría popular, los «consejos de viejas amas», el sentido común y en especial las mentiras políticas."

Los invito a leer el ensayo de esta mujer sobre este tema que estuve tentada de plagiar. Lleva de título "Mentir en la vida política".

Claro, que Martínez de la Escalera no es la primera ni será la última que se remonta a Platón y su mentira útil.

Mentira útil, medicina o veneno útil, pero también mentira bella, puesto que sólo la más amable de las ideas, la belleza (Fedro) tiene garantizado un acceso inmediato al ánimo de los hombres y de ellos al bien absoluto. La belleza fue para Platón un acompañante de la persuasión. Que este bien absoluto pueda ser conseguido a base de una ingeniería de mentiras es algo que ni el pensador griego ni los de otros tiempos y latitudes han podido presentar sin caer en una evidente paradoja, puesto que la mentira se ha considerado casi siempre un mal, incluso cuando se trata de un mal necesario. Podríamos decir, por ende, que Platón inaugura expresamente una manera de pensar las dificultades de lo político que ha corrido con suerte en Occidente y, aunque la historia de tal éxito no nos ocupa en este momento, sí lo hace su efecto: la generalización de la opinión de que el ejercicio y el mantenimiento del poder requiere la mentira, y que ésta no es sino una forma de artificio necesario del poder."

Con ese bocadillo los provoco… llamándoles la atención por supuesto a la alusión a la medicina amarga. Fortuño. No era la verdad su medicina amarga, era precisamente su mentira.

Siempre he considerado a Platón como el primer Maquiavelo. Es más, juraría que Maquiavelo es una encarnación menos olímpica de Platón. Por eso encontré también particularmente apropiada la lectura de un politólogo chileno — Diego Sazo M. — *Entre el ocultamiento y el engaño: el rol de la mentira política en la República de Platón.*

Leyendo más, me entero que Sazo M (M de Muñoz) es también un estudioso de Maquiavelo, cosa que me produjo, por supuesto, una inmensa satisfacción.

Realmente los convido a que lean a estos estudiosos latinoamericanos que saben mucho mas que yo del tema. No lo hago por hacerme la erudita. Ese no es mi rollo. Lo que pasa es que nunca escribo sin investigar y me los topé. Fui buscando un texto recomendado de Johnatan Swift (*El arte de la mentira política*) del Siglo 18, y me topé con estos dos que me son mas cercanos.

Para este artículo en 80 grados, todo empezó hace unos meses con la mención pasajera en los medios de comunicación del asesor político catalán Xavier Domínguez. El del libro *Miente pero no engañes*. ¿Recuerdan? El que dicen fue consultor y publicista político de Luis Fortuño y en Puerto Rico muchos optaron por burlarse de él o al menos odiarlo. A mi me azuzó la curiosidad y acabó cayéndome bien. Después de indagarlo no me sorprende que haya sido un éxito internacional y se haya paseado por las campañas del ex jefe del gobierno español José Luis Rodríguez Zapatero hasta la de Susana Villarán, la alcaldesa de Lima, Perú. O de Fortuño. El chico va donde pueden pagarlo. Es un Maquiavelo moderno y simpático al que le dicen Xavi.

En su página de Twiter, Xavi proclama: *Hago más de lo que saben y menos de lo que dicen.* Me lo imagino. No todos los asesores políticos tienen el tupé de admitir que recomiendan la mentira. Presumo que para hacerlo tendrá que recurrir a otros subterfugios para que el político no se sienta ofendido y lo bote como bolsa. Los políticos tienden a pensar bien de sí mismos. Eso de que venga un tipo y le diga con la boca de comer que la política y el embuste son compañeros de viaje puede ofender a uno que otro por cinco segundos antes de abrazar al tipo y proclamar *¡Por fin, alguien que me entiende!*

El tipo, Xavi, no promueve la mentira así por que sí. La reconoce como parte obligada de la política y promueve su uso para *provocar*. Parte de la premisa de que la gente sabe cuando le mienten, por qué le mienten y por qué permiten que le mientan. Hasta quiere que le mientan. Añadiría yo que la gente — la masa — es capaz de desconfiar de un político que no les haya dicho alguna mentirita. Es como aquello que dice el bebedor: *Desconfío de alguien que no bebe.*

Todos mentimos. No todos somos mitómanos o mentirosos patológicos, pero todos mentimos desde que nos levantamos hasta que nos acostamos. La mentira más común es la que muy prejuiciadamente llamamos "blanca", esa en la que se deforma la realidad para llamar la atención, contar una historia más interesante o para proteger un misterio personal. Esa que no hace, o se supone que no haga gran daño a nadie. Cuando mentir se convierte en una adicción o conducta permanente es que se corre el riesgo del engaño que hace daño. El aspecto patológico de ese comportamiento es entonces el que se estudia y se discute. Particularmente en el

caso de personas que mienten y/o engañan a grupos o so-
ciedades completas por uso y costumbre, como es el caso de
los políticos.

En esos, los hay mentirosos por necesidad, los hay por el
artificio platónico y los hay mentirosos patológicos. Pero todos son unos embusteros.

Los mentirosos por necesidad son los que llegan a poner-
nos en duda si lo son, porque lo hacen ocasionalmente
cuando necesitan el favor de una mayoría sobre un asunto
particular. A eso se les nota a leguas porque se ponen hasta
nerviosos.

Los platónicos son los expertos del discurso persuasivo.
Los que tienen la labia del tecato y son capaces de venderle
hielo a un esquimal. Los herederos naturales de la filosofía
de Platón.

Los mentirosos patológicos lo hacen por costumbre aunque
sea la necesidad política inmediata la que provoque la mentira de turno. Mienten con una facilidad extraordinaria y ni
cuenta se dan de que la mentira de hoy desmiente la mentira
de ayer. Entonces nos referimos a ellos como este personaje
que "pierde credibilidad". Generosos que somos. Son embusteros y lo sabemos. Los mejores ejemplos los tenemos en
Fortuño y García Padilla. No lanzan mentiras. Se les caen de
la boca y sonríen como niños felices en Lalalandia. A veces
las dicen con coraje, ceño fruncido y todo. Entonces ven una
cámara y se les pasa. Otra mentira para la colección.

Eso es normal para Domínguez. La mentira, dice, es de uso
cotidiano y no precisamente negativa. Puede llegar a ser ne-

cesaria e imprescindible, con una utilidad en la política que ha sido reconocida por siglos y que se debe diferenciar del engaño.

Aquí es donde viene el meollo del asunto.

El engaño claramente está basado en el daño a los valores, en el intento de aprovecharse de una situación, de aprovechar el poder, que eso sí es un engaño, y que finalmente el engaño sí perjudica al electorado, al ciudadano.

No coincido del todo con Xavi. Tampoco con los que le adjudican al engaño premeditación, hostilidad, perversidad versus cierta espontaneidad y banalidad a la mentira. Embuste. La diferencia, creo yo, está en quien recibe. La mentira encabrona, el engaño duele.

En los políticos las mentiras más frecuentes son la exageración, la promesa desmesurada y el estilo distraído o firme con que lo hacen. En los maridos también, diría una amiga mía.

Domínguez dice que los políticos viven en otro mundo: "el mundo recreado en la clase política, que no existe, que es un mundo en el que viven ellos en su propio lenguaje, que es de uso cotidiano y necesario".

El hombre no será sutil, pero no miente. Las canta como las ve.

El asunto pues, es dónde se traza a línea entre la mentira que encabrona momentáneamente y el engaño que duele por más tiempo, por lo menos hasta las próximas elecciones. Ahí está la clave que no logro descifrar. Porque si un pueblo ha sido engañado es el nuestro, pero reacciona como si el engaño fuera mentiras sin mayores consecuencias.

Y las tiene y muy grandes. Particularmente cuando el engaño se teje con hilo de diferente color y lo vestimos como ropa nueva.

Un pueblo engañado no puede ser feliz. Filosofar sobre la mentira política podrá ser un ejercicio legítimo y aparentemente lo es cuando ha sobrevivido siglos con ese reconocimiento.

Pero el engaño mina el espíritu del engañado. Lo hace cada vez más inseguro y vulnerable. Lo lleva a creer que se merece el engaño.

No sé ni me importa cuantos pueblos se resignan a la mentira política. La resignación del mío me jode. Y mientras pueda, la voy a seguir combatiendo.

*31 de julio de 2016*

# LOS INDEPENDENTISTAS
# TIENEN LA CULPA

Una de las diversiones preferidas de las últimas semanas ha sido echarle la culpa a los independentistas por no haber adelantado la independencia.

Aunque sea clásico de la mentalidad colonial que las víctimas se culpen entre sí, no deja de ser curioso que la actitud hacia la independencia vaya ahora más allá del clásico rechazo fomentado por la metrópolis. El resentimiento por no tener clara la alternativa de la independencia parece ser real y eso es nuevo. Y bueno.

Los altercados de la izquierda no son responsables de la colonia. Aún en la república se darían como se dan en todos los países independientes. La izquierda siempre ha sido más exigente con los demás y consigo misma. Y mucho más despiadada.

La ausencia de planes y propuestas mucho menos. Se acumulan por tomos. Que no hayan trascendido a la población en la misma medida que los planes y propuestas de la elite colonialista es parte de la ecuación. Los medios de comunicación de esa elite han tenido siempre la encomienda solapada de sepultar el independentismo y sus propuestas. De las maneras más sutiles y disimuladas. Así de retorcido.

Por ende, la "incapacidad" que se le adjudica a los independentistas para promover la independencia es la gran coartada para justificar que existan todavía.

La independencia como idea ha sido salvajemente avasallada por la propaganda, la represión y la conflagración de parte del imperio más poderoso del mundo. El milagro es que no la hayan aniquilado. La sorpresa es que sigan habiendo independentistas. La realidad es que los independentistas siguen siendo el mejor parapeto a la asimilación y el anexionismo que hace rato nos debió haber tragado. Nunca Estados Unidos le tendrá confianza a los puertorriqueños como súbditos leales mientras ande un independentista suelto.

Eso hay que tomarlo en cuenta para la lectura que propone este libro de la circunstancia política presente. Desdeñar, minusvalorar y hasta ridiculizar la alternativa independentista es parte del plan.

Por eso entrar aquí en esa alternativa independentista no es necesario para leer el mapa de ruta de la Junta de Control Fiscal, que es lo que propongo en estas páginas. Si le fuéramos a dar un símbolo en la leyenda de este mapa, utilizaría esta imagen.

*22 de febrero de 2016*[9]

# MIEDO A LA LIBERTAD

La mayoría de los puertorriqueños le tiene miedo a la libertad y la independencia. Algo que la humanidad atesora, a ellos aterra.

¿A qué realmente le teme ese puertorriqueño? A la ruina económica y al comunismo soviético. Asocian la libertad y la independencia a esos dos destinos.

La ruina ya llegó y el comunismo soviético ya se fue. Pero no se da por enterado. Sigue creyendo en el cuco. Se niega a perderle el miedo. Se niega a crecer aún cuando es obvio que ha quedado huérfano y más solo que nunca, abandonado a su propia capacidad.

¿Qué nos pasó? La libertad y la independencia han sido característica y motor de la existencia humana. ¿Cómo dejó de movernos lo que ha movido al resto de la Humanidad?

¿Por qué los estadistas le tienen miedo a la independencia? ¿No es ese el dogma de la nación a la que aspiran pertenecer?

¿Por qué los estadolibristas le tienen tanto miedo a la libertad? ¿No es su mantra? Pan, tierra y libertad.

---

[9] Columna publicada en *El Nuevo Día*.

Abordamos con desprecio la discusión filosófica de lo que significa el concepto compuesto de libertad e independencia. Fácil es separarlos y decir que son cosas diferentes. Que se puede tener libertad sin independencia y viceversa. Nos buscamos ejemplos que sostengan esa digresión y por supuesto que los encontramos.

Nos adherimos al otro simplismo del mismo tema: la libertad y a independencia absolutas no existen. Ese es todavía más fácil de argumentar.

Nos suscribimos a la discusión de la libertad e independencia como individual o colectiva cuando sabemos que una no existe sin la otra.

Podemos eludir el aspecto político con esoterismos. Oscar es libre. Yo nací libre. Amanezco libre todos los días.

La peor manera de abordar el asunto es con cinismos, insultos y perogrulladas. Múdate a Cuba.

Sí, nos hemos hecho expertos en evadir o tergiversar el tema. Los que creemos tenerlo claro nos sentimos hasta superior al resto y no lo discutimos por considerarlo indigno. Los derechos no se negocian.

Pero en el fondo queda siempre la desazón que inspira este escrito. ¿Qué nos pasa a los puertorriqueños que nos tenemos tanto miedo y desconfianza a nosotros mismos? ¿Cuándo nos volvimos impotentes?

La libertad y la independencia suponen un alto riesgo que no estamos dispuestos a tomarnos. Nuestra autoestima es muy frágil. Nuestra autoconciencia es débil.

Vivimos con la ilusión de saber lo que queremos y con la conformidad de lo que tenemos.

Podemos esbozar teorías ajenas y propias en esa dirección. Citar a Fhrom y a Fannon. Echarle la culpa a los imperios y al capitalismo salvaje. Pero no podemos cambiar la realidad atrofiante de nuestro miedo a la libertad y la independencia.

Propongo que hablemos del tema hasta cansarnos. Propongo comenzar desde el principio mismo si es necesario. Por nociones tan sencillas como que el desarrollo y la felicidad del individuo dependen de que se sienta capacitado para ese fin y ese propósito por sí mismo como entidad separada e independiente.

Tenerle miedo a la libertad incapacita para ser parte de una sociedad. No se puede ser parte de un pueblo libre sin una libertad interior equivalente.

Una sociedad construida por individuos capaces de libertad e independencia son el fundamento de la democracia. El individuo no subordinado y responsable de sí mismo asume su participación en el proceso social desde una posición de poder y procura su desarrollo y su felicidad desde esa conciencia.

Así forma un colectivo libre e independiente para determinar, orientar, planificar y desarrollar su futuro. Así participa activamente en el proceso para dominar la sociedad y subordinar el mecanismo económico a los propósitos de la felicidad humana.

Ese es el principio de todo. Lo que hacemos en libertad viene después.

145

*4 de abril de 2016*[10]

# RESISTENCIA Y DESCOLONIZACIÓN

Siendo los más consecuentes en idea, convicción y propósito, no han sido los más exitosos electoralmente.

Dicen que por las luchas internas han fallado en conseguir la independencia del país. Irrisorio. Responsabilizar a los independentistas por el estado de la colonia es un oxímoron rebuscado.

La metrópolis y los capataces de la metrópolis han usado todo el poder disponible y no disponible para destruirlos. Y aún con el luchador de sumo aplastándolos y roncándoles encima, siguen siendo el contrincante a derrotar.

La independencia se hace obvia como alternativa a un país explotado por las cuatro esquinas. Ese nuevo discurso de culpa no tiene otro propósito que desestimar lo evidente.

Ciertamente los independentistas han sido muchas veces su peor enemigo. Bajo el manto del escrúpulo y la verticalidad pueden… podemos ser los más arrogantes, los más intolerantes y los más brutales con nosotros mismos.

Sin embargo, no ha habido lucha social que no hayamos encaminado. Culebra, Vieques, la resistencia a la pena de

---

[10] Columna publicada en *El Nuevo Día*.

147

muerte, a la explotación minera, a la privatización de las playas del pueblo, las luchas por medidas de equidad y las luchas ambientales, llevan nuestra firma.

No permitan… no permitamos que usen las diferencias para hacerle más daño a la independencia.

No es que dejemos de ser autocríticos. Eso nos mantiene honestos. Tampoco se trata de eliminar agrupaciones. Todas deben seguir su propia ruta y alguna asumirá naturalmente el puntero en el próximo tramo.

Pero tenemos que despejar el camino a la independencia sin dilaciones porque nos está llamando. Las próximas elecciones pueden ser un paso hacia la reconciliación que necesitamos.

Esas elecciones tienen un evidente carácter plebiscitario. La Junta de Control Fiscal lo hace más evidente al invalidarlas como elecciones administrativas.

Nuestra propuesta es la asamblea constituyente, la descolonización y la independencia. Pues vamos a votar por eso. Nuestro planteamiento es resistir la dictadura de la junta, pues vamos por eso.

Hay un solo partido con esos dos proyectos claros. Aunque a algunos le gustaría que fuera otro, el Partido Independentista Puertorriqueño es el único.

El único que desde un principio ha planteado claro la resistencia a la Junta, no la negociación de una dictadura con la metrópolis. El único que va a las elecciones con un planteamiento de descolonización e independencia.

Las estrategias de coalición son buenas. El discurso de ser inclusivos para adelantar el país antes que el ideal es bueno. Pero no creo que esconder la independencia para hacerlo sea tan bueno en este momento. Enviar un mensaje claro de rechazo a la Junta y revitalizar la alternativa de la independencia puede ser mejor.

Para eso hay que también pedir el voto prestado a los anticolonialistas de todos los caminos aunque no sean independentistas. Los pivazos al revés.

Si la Junta inutiliza las elecciones administrativas y si ya sabemos cual va a ser el resultado de esas elecciones, el llamado a los anticolonialistas es que nos presten su voto para llevar el mensaje de que la descolonización es lo que queremos todos, no una junta imperial. Que le den su voto al partido que lo tiene más claro. No ganaremos, pero haremos bulto de resistencia y descolonización.

Ahora bien, para que esto se de ese partido tiene que hacer un gesto mas allá del "Venid a mi". Y los ofendidos con el PIP tienen que botar el golpe. Yo lo boté.

Hay mucho que sanar y el discurso de sanación del PIP hasta ahora es bien flojo. Acepten que han enajenado a muchos independentistas y que ahora nos necesitan a todos. Abran de verdad la puerta. Los líderes veteranos tienen que propiciar con generosidad que esto se de.

Un reconocimiento de errores es a veces más efectivo que una orden de marcha a secas.

*13 de junio de 2016* [11]

# SI ME PERMITEN

Puerto Rico ha llegado a la encrucijada que se anticipaba. Los bandos han comenzado a complicar las posibilidades de un consenso para salir de ella.

Las interrogantes fundamentales sobre la situación del país pasan a segundo plano para dar paso a la rivalidad, la riña y el desafío.

Mientras tanto, nuestra vulnerabilidad como colonia de Estados Unidos nos coloca directamente a la merced del imperio sin nuestro consentimiento y sin facultad alguna para impugnar el nuevo estado — que no siendo nuevo, para la mayoría de los puertorriqueños que creía otra cosa sí lo es.

Ante esta situación solo hay dos alternativas: (1) sumisión y abnegación a la neocolonización; (2) un cambio en la relación con la metrópolis mediante la descolonización.

La primera alternativa adquiere a su vez dos opciones: (a) no hacer nada más allá de analizar y argumentar; (b) enfrascarnos en recursos dilatantes no remediales en su faz.

---

[11] Columna publicada en *El Nuevo Día*.

La segunda alternativa la presentan los tres sectores ideológicos del país con tres remedios distintos: (a) Asamblea Constitucional de Status; (b) Plan Tennessee; (c) Nuevo Estado Libre Asociado

Ninguna de las tres es un remedio a corto plazo. Ninguna tiene consenso.

La Asamblea Constitucional de Status es la alternativa de independentistas y anticolonialistas que buscan una solución con rango internacional. El proyecto más completo lo ha presentado el Colegio de Abogados y propone un proceso definitivo que debería ocurrir en cinco años:

- ➢ un referéndum para que el pueblo apruebe que se dé esa Asamblea
- ➢ elección de los delegados a la misma con representación de los partidos y la sociedad civil
- ➢ deliberación y negociación con Estados Unidos para determinar los términos aceptables de una relación jurídica soberana
- ➢ consulta al pueblo para que apruebe el proceso determinado con Estados Unidos

El Plan Tennessee es el que propone un sector amplio del anexionismo y avala la nueva dirección del Partido Nuevo Progresista. Si se diera como corresponde, implicaría:

- ➢ radicar solicitud de admisión como estado ante el Congreso federal en base al plebiscito de 2012 que le dio una ventaja a la estadidad
- ➢ hacer una Constitución para el Estado de Puerto Rico

> ➤ elegir congresistas y senadores
> ➤ enviar delegación a Washington y esperar

Un Nuevo Estado Libre Asociado es por lo que un sector del Partido Popular Democrático se inclina para mantener la ciudadanía norteamericana en una relación de libre asociación con Estados Unidos fuera de la cláusula territorial. Implicaría:

> ➤ aprobación de la Junta de Gobierno del PPD
> ➤ negociación con el Congreso para determinar probabilidad de la propuesta
> ➤ someter en un plebiscito la fórmula de libre asociación que surja de ese proceso.

Dicho esto, es fácil adivinar lo que nos espera en el debate público.

Si me permiten, propongo que también es fácil concluir lo que vengo planteando hace meses: las elecciones de noviembre por primera vez en mucho tiempo adquieren un carácter plebiscitario. No van a resolver el estatus pero pueden dar un indicio de cambio en el parecer del país hacia su solución si cada cual vota por el partido que representa una de las tres alternativas descolonizadoras presentadas arriba.

Para ello, habrá que partir de tres cosas:

> ➤ que la imposición de una autoridad federal sobre el gobierno de Puerto Rico inutiliza el ejercicio democrático de elegir nuestros funcionarios
> ➤ que el PPD y el PNP no necesitan de un voto útil para ser súbdito de la junta de control

153

> que el voto de noviembre puede convertirse en un vo-
to de protesta.

Hay quienes plantean que el voto de protesta se articula
con la abstención. No creo. Creo que la abstención articula la
alternativa de no hacer nada mas allá de analizar y argumentar. Si la abstención viniera acompañada de un levantamiento.... Pero no viene.

*22 de noviembre de 2013* [12]

# NO HAY QUE TENER UN MANDELA

Conocer al conciliador sudafricano Ivor Jenkins me devolvió el hambre de procurar un proceso de diálogo, conciliación y transformación, aunque sea entre cuatro gatos. Confieso que se me habían quitado las ganas.

Ya no vale hablar de un proyecto de país. Los políticos de carrera han viciado el concepto con su demagogia populista y con el electoralismo que nos ha traído a vivir al garete y ha degenerado hasta la sublime idea de salvarnos. Me inclino más por el concepto del gobierno paralelo, la gestión al margen del gobierno que vienen desarrollando con incipiente éxito muchos sectores pequeños en el país. El resto del país me sigue doliendo y por ello no abandono completamente la idea de contribuir a cambios y transformaciones profundas para todos.

Ivor Jenkins me revolcó la consciencia de que podemos hacer algo desde el vacío de liderato tradicional que obviamente tenemos. Cambiar el discurso que nos han pervertido. Todavía no sé cómo, pero estoy aprendiendo.

"Los líderes emergen del proceso mismo", sostiene este hombre que se ha sentado a la mesa con terroristas y sulta-

---

[12] Artículo publicado en *80 grados*.

nes. "Hay que aprender a distinguir los líderes, por pequeños que parezcan, de los políticos a los que un proceso electoral les confiere autoridad".

Procesos manipulados, añado yo. Electos por una masa ignorante que sostiene la alternancia de un liderato insustan-
cial que siempre se queda corto a propósito. Los mejores de
ellos nos dan un chispito de cambio y nos dicen que algo es
algo. No se arriesgan nunca demasiado. Nos seducen con la
idea de algo distinto y caen pronto en la autocomplacencia
de que están haciendo más que ningún otro. Su visión se
vuelve corta y solo alcanzan a mirar hasta los próximos cuatro años, las próximas elecciones. Se acomodan y acomodan
principios para permanecer. Es que necesitan más tiempo, se
dicen y nos dicen. Se refieren a ser reelectos.

Que razón tiene Jenkins al insinuar —porque Jenkins no
adoctrina, sugiere— que no seamos tan pródigos en llamarle
líder a todo el que saca votos. Primera lección.

Hay que entender que al decidirse a dialogar con iguales y
dispares se entra en un proceso largo y muchas veces frus-
trante. Lo importante es no levantarse de la mesa una vez te
sientas. Firmar un acuerdo inicial —memorando de enten-
dimiento— del compromiso de hablar y no parar de hablar.
Los que se sienten tienen que ser personas de palabra aunque no hablen el mismo idioma.

No pueden llegar con la actitud de si no me gusta me levanto y me voy.

"Tiene que haber un compromiso de hablar y seguir hablando aunque no lleguemos a ningún acuerdo. No partir de

la premisa de que tiene que darse el acuerdo o hemos fracasado. El compromiso es de hablar".

Madurez para llegar a la mesa con el talante adecuado. Segunda lección.

Hay que acordar las reglas de juego entre todos. No puedes invitar a tus opositores a sentarse a la mesa con tus reglas.

"Por lo regular las conversaciones se dan entre unos que han ganado y otros que han perdido. Lo primero que hay que hacer es tratar de sacar del medio la actitud de victoriosos y humillados porque ambas dañan el proceso".

Tanto los victoriosos como los humillados exhiben la misma suspicacia, el mismo prejuicio y la misma desconfianza. Las primeras sesiones son de confraternidad, de mirarse como iguales. De reconocer que íntimamente comparten los mismos miedos. De determinar el lenguaje común que van a usar, las líneas que no van a cruzar, la solidaridad que van a procurar. Las reglas del juego que van a jugar juntos. Tercera lección.

Hay que sentar aguafiestas y saboteadores en la mesa desde el principio. "Siempre es mejor tenerlos de frente y adentro que afuera a tus espaldas". Cuarta lección. No hay que excluir a los cabrones.

"Mi experiencia es que muchos líderes defectuosos se reparan en el proceso, crecen, se transforman". Quinta lección.

Entonces, ¿se puede? Ivor Jenkins, a quien le cogí hasta cariño de golpe y porrazo, me dice que sí.

\* \* \*

Lo conocí el martes pasado. Me lo presentó Alfredo Carrasquillo que es su amigo hace años. Ivor Jenkins es un tipo curioso. Tiene pinta de cualquier jincho de Aibonito, llenito y de sonrisa perenne. No pega con su fama de negociador sutil y tenaz.

Fíjense que se sentó a negociar con los esbirros del gobierno que le tirotearon su casa en Pretoria. Porque ni hablar que en las postrimerías del apartheid el gobierno que se resistía lo declaró su enemigo e intentó asesinarlo. Acabó protegiendo a sus atacantes y acompañándolos para salir del país bajo un trato de protección de testigos. Hay que tener ganas de conciliar para eso, corazón de oro y vocación de apóstol.

Vino a Puerto Rico invitado por la organización que dejó en su sitio Willie Miranda Marín para conciliar los intereses de la región centro oriental del país. Y, claro, porque se lo pidió su amigo Alfredo Carrasquillo.

Carrasquillo ofreció a Jenkins para que lo conociéramos un grupo de los que cacareamos la unidad y las alianzas en este país. Parece no haber muchos. Me vi en una mesa de veintidós ocupada por siete.

Egoísta yo, me di gusto con la intimidad del encuentro.

Jenkins habla en parábolas. Te responde todas tus preguntas con ejemplos de sus experiencias en Sudáfrica, Bolivia, Sri Lanka, Palestina, Cuba. No te da respuestas tajantes. Te cuenta cosas. Evoca, propone, insinúa, sugiere. Te relata anécdotas que pueden servirte de punto de referencia. Te jamaquea con conclusiones de su práctica que te hacen respirar hondo. No te alecciona. Te lleva despacito. Hasta con lo que algunos podrían interpretar como condescendencia, lo que los llevaría a rechazar de inmediato su rol de maestro en el tema.

Yo acepté de inmediato el papel de estudiante aplicadita y les cuento lo que aprendí.

"¿Y tu no sabías nada de eso?", me dirán algunos. Puede que sí, pero en boca de Ivor Jenkins me supo a nuevo. Fue un *refreshment course en more ways than one*. Confieso que lo que me va a dar mucho trabajo es desarrollar vocación de apóstol.

\* \* \*

¿Se necesita un diálogo? ¿Cuál es el propósito? ¿Reforma política, reforma económica, reconciliación nacional? De inmediato expuse nuestro primer problema. Nuestra agenda es demasiado grande. Queremos poner las agendas individuales de todos en una sola grandota. Queremos resolverlo todo a la vez. Y no se puede.

O pretendemos zumbarlo todo en la misma canasta: el status. Si resolvemos ese problema los resolvemos todos. Y no es así.

Hasta ahí llegan muchos de nuestros diálogos. En formular la agenda. Si no incluimos Vieques, la excarcelación de Oscar López y los matrimonios del mismo género se nos levanta un montón de gente y se nos va, nos acusan de irrelevantes.

Si no incluimos la ciudadanía americana que "atesoran" los puertorriqueños como derecho adquirido y el ela como está se nos van otros. Si no incluimos la educación especial no solo se van sino nos acusan de insensibles. Si no incluimos definir soberanía como independencia pura y dura ni siquiera se sientan otros. Y así por el estilo. Cualquier agenda para comenzar un diálogo tiene que partir de incluir todas las agendas. Joder.

A eso no es que se refiere Jenkins al hablar de que el diálogo tiene que ser inclusivo. La inclusividad se refiere a los personajes en la mesa. Que vengan de todos los caminos y con todas las ideas de cómo pelar un gato. Muchos que son capaces de grandes convocatorias y se consideran líderes. Otros de pequeñas, pero representan las ideas que comparten sus pares. Los que eluden que se les llame líderes por modestia aunque en el fondo saben que lo son y no lo ejercen. Otros que se han hecho líderes a machetazos, en procesos que no prueban su liderato sino su capacidad para trepar.

Hay que incluir de todo.

"Yo he visto transformaciones increíbles en personajes que nunca pensaron en modificar sus posturas. No solamente lo hacen sino que trabajan para conciliar a otros. He visto a los que consideramos malos exhibir mayor tolerancia que los que consideramos buenos. Una mesa de diálogo y transformación es una mesa de sorpresas".

Se llega con una o muchas ideas, y se van depurando y estableciendo las prioridades que puede atender la mesa. Una agenda rigurosa de antemano y una selección de líderes afines no va para ningún lado.

*  *  *

¿Por dónde empezamos?

"La primera pregunta no puede ser qué vamos a hacer. Tiene que ser: ¿dónde queremos estar de aquí a cincuenta años?

Ahí entra la prisa. Queremos resolverlo todo para ayer y creemos saber cómo hacerlo. Imponerle a los demás nuestra manera de verlo.

"No puedes invitar a tus opositores a sentarse a la mesa con tus reglas".

Me pregunté de inmediato cuántos se quedarían en babia al tener que pensar en de aquí a cincuenta años cuando están acostumbrados a contar solo hasta cuatro. Ahí está lo genial de esa pregunta inicial.

Supongamos que todos aspiren a una sociedad mas democrática y equitativa de aquí a cincuenta años. Pues a definir eso. A lo primero creo que llegaríamos en un día. A lo segundo puede que en un año de diálogo continuo. Pero llegamos. Cómo es una sociedad más democrática y equitativa en la que podemos coincidir y convivir.

Entonces viene qué parte del animal vamos a cocinar primero. ¿Reforma política? ¿Plan económico? ¿Reconciliación nacional?

\* \* \*

"No hay que tener un Mandela".

Esa lección fue la que más gracia me dio. Porque me le quedé mirando a ver por donde venía. Nos lee de corrido, pensé. Sabe que nos lamentamos todos los días del vacío de liderato.

Mandela inspiró a Sudáfrica, pero el trabajo lo hicieron muchos otros. De hecho, él no estaba envuelto en los procesos directamente la mayoría de las veces. Siempre ha tenido la sabiduría de reconocer que aunque no estuviera, el proceso seguiría.

Eso es un líder en mi libro. Pero no precisamente el que dirige el proceso. Está claro.

Entonces, ¿quién convoca?¿a quienes convocamos?

"Muchas pequeñas conversaciones. Preparación discreta. Relaciones con todo el mundo".

En otras palabras, convoca quien puede no quien quiere.

A quiénes es el problema. Si fuésemos a convocar a todos los que consideran que deben estar sentados en la misma mesa, tendríamos que sentarlos en el Coliseo. Y se enojan si no los convocas. Salta de inmediato el "ahí no hay nadie que me represente" porque sabido es que aquí nos preciamos de nuestra exclusividad de pensamiento. Y buscarse un sucedáneo que diga públicamente que el junte no sirve si no está fulano. El eterno concurso de egos.

¿Entonces?

"Ese es un riesgo permanente".

O sea, convocas o no convocas. Te arriesgas o no te arriesgas. El precio de no hacerlo es neutralizar la posibilidad de cambio per *secula seculorum*.

¿Cuándo convocar? ¿Cuándo estamos listos?

Aquí más o menos nos espetó el viejo adagio de "la necesidad obliga" pero no se por qué tuve la impresión de que me dijo que se nos había hecho tarde hace rato.

¿Cuánto debe durar un proceso tan complicado?

Años, por supuesto. El ha visto procesos de cinco, siete y muchos más años. Pero aquí está la joya de la corona de esa conversación con Ivor Jenkins.

"Los procesos no siempre se acaban. A veces siempre empiezan".

El doctor Ivor Jenkins es un especialista en procesos de diálogo y conciliación política. Líder y activista que trabajó de lleno en el proceso para poner fin al Apartheid en su país y ha seguido la ruta de intervenir para soluciones pragmáticas de conflictos por vías participativas en el resto del mundo.

Es uno de los directores de *In Transformation Initiative*, a través de la cual facilita procesos de diálogo y reconciliación en provincias sudafricanas y en países hermanos tales como Angola, Zambia, Zimbabue, Swazilandia, Kenia, Nigeria, País Vasco, Bolivia, Sri Lanka, Portugal, Estados Unidos, Cuba y El Congo.

*13 de julio de 2015*[13]

# YO SOY DE LOS CUATRO GATOS

¿Será posible que empiecen a cuajarse grupos sin nombre y sin protagonistas cuyo único propósito es canalizar el disgusto general de ciudadanos de todas las ideologías?

Quiero pensar que sí.

El barrunto de nuestro disgusto es patente. Hasta miramos con un poco de envidia a ciudadanos de otros países que se aventuran a exigir una mejor democracia. El cosquilleo que ha germinado en acción colectiva en esos otros países va brotando de igual manera: desde minorías que son desestimadas por insignificantes.

Pero no lo son.

Las mayorías establecidas nunca han generado cambios sociales. Son las minorías las que lo hacen.

El monumental movimiento de los indignados en España comenzó con grupitos de diez y doce en manifestaciones modestas que no impresionaban al poder.

Se equivocó el poder.

Ese movimiento que comenzó sin definiciones concretas es el que ahora define a España a los ojos de los que la obser-

---

[13] Columna publicada en *El Nuevo Día*.

165

van porque parió nuevos partidos concretos que ganan elecciones.

Empezó sin definición deliberadamente. Como un espacio dinámico en el que cupieran todos y se fuera definiendo en el camino. Un espacio de encuentro para un país que desde que despachó el franquismo había desarrollado la misma inmovilidad que reconocemos en nuestra población. Se quejaba desde las redes sociales, en el bar de la esquina o desde su casa viendo televisión. Pero no metía mano.

Eso lo cambió un movimiento de cuatro gatos que sabía lo que hacía falta: un espacio donde todos pudieran manifestarse sin tener que adherirse a una organización establecida a la que no necesariamente se acomodaban.

En Puerto Rico, donde la palabra "desconfianza" es la que describe el sentimiento que prima, es más necesario que nunca que la gente encuentre ese espacio sin tratar de secuestrarla para que ingrese o se identifique con grupos establecidos con agenda propia.

Hace falta politizar a la población. No politizarla en el sentido corrupto partidista del término como lo conocemos. Politizarla dándole contenido al disgusto generalizado como un deseo real de cambio mediante la participación ciudadana. Politizarla hacia la democracia participativa.

Hemos visto el fracaso de la democracia representativa. La mayoría de los políticos se meten a la política para hacer negocio y una vez electos se olvidan de que representan a alguien más que no sea a sí mismos. El pueblo se está hartando de eso.

Pero ese descontento no puede ser manipulado desde el oportunismo de reclutar adeptos a grupos ya organizados bajo ideologías precisas que se consideran la única alternativa y acaban espantando e inmovilizando la molestia colectiva. O tratando de unir los grupos a la cañona.

Hay que tenerle mucho respeto a la frustración e insatisfacción general y permitir que se desarrolle hasta alcanzar su definición.

Los ejemplos de España y de Grecia son en estos momentos los mejores aliados para aquellos que no aspiran a protagonismos y reconocimiento. El protagonismo asusta y ahuyenta. Hay una ciudadanía con ansias de participar, pero no encuentra el espacio y la manera.

En Grecia hemos visto cómo el deseo de participación en su democracia ha sido más fuerte que cualquier miedo. Hasta el domingo pasado, los analistas más refinados apostaban al miedo. La cuna de la democracia se hartó de no tenerla y decidió recuperarla con un no rotundo a la estrangulación de su dignidad a través de su economía.

El rechazo a más medidas de austeridad que expriman hasta la miseria al ciudadano en Puerto Rico también hace sentido como agente aglutinador. Es la fórmula adecuada. Vamos a darle la oportunidad.

No tenemos que contar cabezas para declarar éxito o fracaso de una iniciativa ciudadana. Que suceda nada más, es el principio de un éxito.

La consigna es: "Yo soy de los cuatro gatos".

*31 de julio de 2016*

# AL CIERRE DE ESTA EDICIÓN

La intención de este libro ha sido trazar el mapa de ruta que nos ha traído a la imposición de la Junta de Control Fiscal.

Para leer ese mapa, he creído necesario deconstruir con evidencia histórica la sarta de enredos y deformaciones que nos han convertido en espectadores y no protagonistas de nuestro país.

Comenzando con la fábula de la autonomía fiscal que otorgaron no como indicio de gobierno propio sino para que la colonia corriera con sus propios gastos sin agravar al imperio. Una autonomía fiscal que se remonta a 1900 y no es producto de pacto alguno en los años cincuenta como se pretende. La misma autonomía fiscal que suprimen ahora como dueños del territorio para cuadrar la chequera aunque disloque toda la praxis política y deje la colonia al desnudo.

Desmontando la idea de que Estados Unidos invade a Puerto Rico en 1898 por empeño libertario y sí con una doctrina premeditada de colonialismo permanente predicada en su "destino manifiesto", pasamos a la creación de los partidos coloniales al amparo de la metrópolis y del complicado andamiaje de una farsa político—económica que se deja en manos de una clase política hecha a la medida.

Concurro en que son los desmanes de esa clase política creada al abrigo del imperio los que apartaron el sub gobierno del territorio de la idea original de colonia auto costeable de alto rendimiento. Una clase política que superó los cálculos de la avaricia de sus maestros. Tras gastar todo lo que pudo tomar prestado se declara insolvente y pone en riesgo las ganancias previstas por los acreedores.

De ahí la decisión de retomar el control del sub gobierno de manos de esa clase política y devolver a la colonia a su principio de territorio rentable. La idea, sin embargo, no es sanar el país y mucho menos sacarlo de las garras del capitalismo salvaje. La idea es cambiar el equipo colonial.

La metrópolis no tiene voluntad de cambio político profundo en su relación con la colonia que no sea cuadrar la chequera y buscar unos nuevos personeros que dejar a cargo. Para ello le destruye el andamio a la clase política que le ha estropeado la ecuación original y estimula una nueva competencia por el favor de la metrópolis bajo nuevas pero iguales estructuras coloniales.

La nueva elite recibirá un gobierno más pequeño, un servicio público deteriorado y menos bienes públicos que manejar.

La generosidad del imperio volverá a aflorar para contribuir a la estabilidad de una nueva clase política colonial. La mayoría de los habitantes de la colonia, descompensados y ansiosos, abrazará la nueva oferta como lo hizo a mediados del siglo pasado.

Los colonialistas más hábiles ya han visto, han contribuido voluntaria o neciamente con el plan, y buscan la manera de ser parte y sobrevivir en él.

Esta vez somos menos los insurrectos pero apuesto a que estemos mejor preparados.

La propuesta que dejo sobre la mesa es la de anticiparnos al desenlace de las acciones de la JCF desde una disidencia lúcida no sectaria. El fin sigue siendo la descolonización. Esta vez tenemos que hacerlo mejor.

No podemos esperar a elegir un gobierno que lo haga. No ha pasado y no va a pasar. Tenemos que diseñar y crear las estructuras paralelas que nos organicen.

No tiene que ser una sola. Pero tienen que mirarse entre ellas y dividirse la tarea de buena fe. No se pueden enclaustrar para competir por quién lo hace mejor o lo logra primero. Quién tiene la verdad y quién está equivocado. Quién tiene la razón y quién no. Quién tiene la definición y quién la confusión.

Si el fin es el mismo, a la larga vamos a encontrarnos en el último tramo.

No digo que esto ya no esté pasando. No soy tan arrogante. Está pasando. Lo que no creo que está pasando es que nos estemos reconociendo como parte de la misma lucha y estemos trabajando como parte de una sola red aunque esté hecha de hilos diferentes.

En el último artículo publicado en este libro *No necesitamos un Mandela*, está nuestro propio mapa de ruta.

Tenemos que escuchar nuestras voces. Tenemos que buscar interlocutores entre nosotros mismos, en la metrópolis y en la comunidad internacional.

Esta es mi voz. Espero por la de ustedes.

# La Autora

WILDA RODRÍGUEZ es periodista y puertorriqueña a quien sus colegas describen como la decana del periodismo puertorriqueño.

Su destreza con la palabra, su estilo agudo y directo como periodista, lo repite en este trabajo de ficción y *thriller* periodístico.

Fue parte de la plantilla original que convirtió *El Nuevo Día* en el primer periódico del país. Allí fungió como reportera, corresponsal en Estados Unidos y jefa de información.

Fue directora de noticias de *Radio WADO* en Nueva York y columnista de *El Diario/La Prensa*.

Ha sido productora, libretista y conductora de programas de radio y televisión, y consultora política y de medios en Puerto Rico y Estados Unidos.

Presidió la *Asociación de Periodistas de Puerto Rico*.

Mantiene un espacio radial en *WIAC 740 AM*, '*La bola de pegao*', título que sugiere la relación con su segundo oficio como *chef* en su propio restaurante, *La Casa de Las Tías*, en la ciudad de Ponce.

Escribe columnas permanentes en *El Nuevo Día* y en la revista digital *80 grados*.

En el 2012 publicó un compendio de cuatro años de comentarios políticos bajo el título '*Que nos vaya bonito*'.

ESTREAS

# EDICIONES NUESTRAS

1RO. DE JULIO DE 2016
La Junta de Control Fiscal y la Colonia Permanente
WILDA RODRÍGUEZ

Disponible en formato impreso y en formato electrónico.
Para información sobre las publicaciones de Ediciones Nuestras,
escriba a:
ediciones.nuestras@gmail.com

www.ingramcontent.com/pod-product-compliance
Lightning Source LLC
Chambersburg PA
CBHW022342290526
45786CB00014B/2192